Shinon（日本娛樂觀星台）‧著

U0096072

Tokyo+
9 prefectures & 21 routes
1日‧2日‧3日
Plan

東京

出發！

近郊

小旅行提案

USABURO
KOKESHI

IKAHO
CAFE&GALLERY

暢遊關東 9 縣，
精選21條路線，
吃遍美食、
溫泉登山、
必買伴手禮！

contents

✿ 本書取材時間為 2024.06 到 2024.10，若店面營業時間有異動，請以官方網站為準。

in
fo.

Part 1 當天來回 一天就足夠的短行程 024

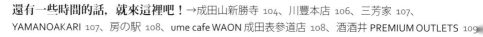

Part 2
2天1夜

睡一晚，再繼續玩的行程 122

Part 3
3天2夜 忘記時間，
暢快休息與玩樂 198

Info.

1
認識東京周邊縣份與景點

2
交通指南

3
賞花、水果的時間表

出發前，
你必須知道的
東京近郊二三事

在東京自由行並不困難，大部分景點都能利用電車前往，班次間隔約 5~10 分鐘左右，因此只要設好目的地，查找電車路線便能出發。一旦離開東京，明明只是隔壁縣份，就需要搭乘巴士，甚至是駕車才能前往某些景點。而且有些班次會變得稀疏，一小時只有一班車，事先規劃特別重要。先做好功課，對東京近郊有大概的認識，即使是自由行新手也不用擔心！

1 認識東京周邊縣份與景點

　　讓我們以東京為中心，先來看看周邊有什麼縣份，每個縣內又有什麼景點。東京都、千葉縣、神奈川縣、埼玉縣作為日本首都圈，又稱為「1都3縣」，因為鄰近都會區，因此交通相對便利，適合一天遊。

　　「1都3縣」再加上茨城縣、栃木縣、群馬縣又稱為關東地方，這三個縣份農業繁盛，且擁有豐富自然環境。至於山梨縣、靜岡縣雖然屬於中部地方，但鄰接埼玉縣、神奈川縣相當容易前往，又有富士山這個日本著名地標，是人氣旅遊地區，交通配套較為完善。位於長野縣的輕井澤也屬於中部地方，冬日厚厚白雪、夏季則天氣涼爽，是日本人熱愛的度假勝地。

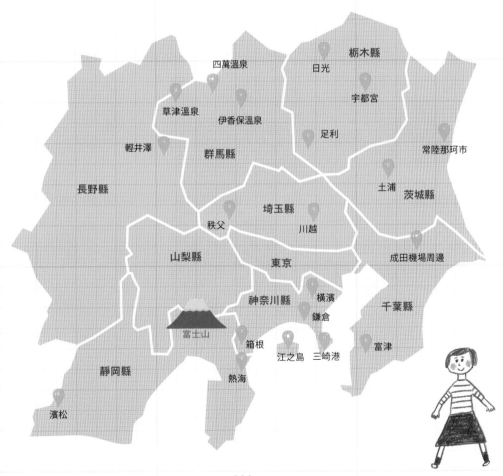

2 交通指南

　　近郊旅行可利用鐵路和巴士等大眾運輸工具或是租車自駕遊。對於首都圈內的神奈川縣、千葉縣、埼玉縣等都市，利用鐵路也很方便；若是較為偏僻的郊外地點，自駕遊的靈活性會較高，也不用受班次時間束縛，可前往更多地方。

鐵路和巴士攻略

　　雖然電車系統覆蓋日本全國，但每個縣內交通系統不一，不少景點都需要倚靠巴士接送。無論是電車或是巴士，近郊地方的班次都相對較少，有些路線30分鐘~1小時一班車，最終班次可能到下午5點而已，因此必須事先查閱班次時間，並預留足夠的時間前往車站。

↑
上：巴士內螢幕會顯示每站的車費。
下：日本巴士車廂狹小，攜帶大型行李時要注意。

↑
上：在機場有高速巴士的時間表。
下：高速巴士的車站。

↑
上+下：要注意班次時間。

◉善用搜尋工具及交通換乘APP

　　日本的鐵路公司及路線眾多，幸好現今網路發達，利用Google Map及交通換乘APP便可搜尋到路線規劃。只要輸入起點和終點便會顯示多項路線選擇，並提供鐵路路線、車程時間、車費、搭乘月台等資訊。

　　在使用這些APP時，記得要輸入準確的出發時間或到達時間，由於繁忙時間、平日、週末的班次都有不同，輸入確切的時間點才能獲得最正確的資訊。

← 輸入出發及到達地點、日期和時間。
↓
左：Google Map會提供多種交通路線建議。
右：交通換乘APP有詳細鐵路搭乘資訊。

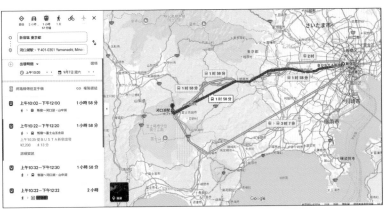

◉ 從東京出發的交通工具

　　以下整理出鐵路或巴士直通各地方的路線及時間參考，如果在東京訂飯店可選擇澀谷、新宿、品川等地方以減少換乘的機會。

1　2　3
4　5

1.利用車站的售票機購買鐵路車票。
2.鐵路月台。
3.利用新幹線進行近郊旅行。
4.新幹線月台上有顯示開車時間及車廂位置的螢幕。
5.在JR綠色窗口櫃台也可以購買車票。

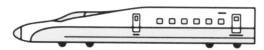

目的地	鐵路	高速巴士
橫濱	◉JR湘南新宿線：從池袋約36分、從新宿約29分、從澀谷約24分。 ◉東急電鐵東急東橫線：從澀谷約27分。 ◉京急電鐵京急本線：從品川約17分。	
鎌倉	◉JR湘南新宿線（直通橫須賀線）：從池袋約1小時5分、從新宿約1小時、從澀谷約54分。	
江之島	◉小田急電鐵小田原線：從新宿約1小時6分。	
三崎港 （三崎口站）	◉京急電鐵京急本線：從品川約1小時15分。	
川越	◉東京Metro副都心線（直通東武東上線）：從澀谷約44分。 ◉東武鐵道東武東上線：從池袋約32分。 ◉JR埼京線（直通川越線）：從新宿約1小時。 ◉西武鐵道西武新宿線：從西武新宿約1小時。	
成田機場周邊 （成田站）	◉京成電鐵京成本線：從京成上野約1小時15分。 ◉JR橫須賀線（直通總武本線、成田線）：從品川約1小時27分。	
熱海	◉JR東海道新幹線：從品川1小時2分。 ◉JR東海道本線：從品川1小時34分。	
箱根	◉小田急電鐵小田原線：從新宿約1小時28分。	
秩父	◉西武鐵道西武池袋線：從池袋約1小時20分。	
鋸山 （濱金谷站）	◉成田快線特急：從東京車站到千葉約24分鐘，轉乘JR內房線約1小時22分。	

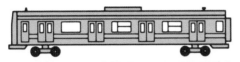

目的地	鐵路	高速巴士
輕井澤	◉JR北陸新幹線：從東京車站約1小時11分。	✽從池袋約2小時39分。 ✽從新宿約3小時9分。
山梨 （河口湖站）	◉JR中央線：從新宿到大月約1小時，轉乘富士急行線至河口湖站約1小時。	✽從新宿約1小時35分。 ✽從池袋約2小時5分。
日光	◉東武鐵道東武伊勢崎線：從淺草約1小時49分。 ◉JR湘南新宿線：從新宿約2小時3分。	
宇都宮	◉JR湘南新宿線（直通宇都宮線）：從新宿約1小時40分、從澀谷約1小時46分。 ◉JR宇都宮線：從東京車站約2小時。	
國營常陸海濱公園（勝田站）	◉JR常磐線：從品川約1小時30分。	
草津溫泉	沒有直達鐵路車站。	✽從池袋約3小時35分。 ✽從新宿約4小時5分。
濱松	◉JR東海道新幹線：從東京車站1小時24分。	
足利花卉公園	◉JR東北新幹線：從東京車站到小山約40分鐘，轉乘JR兩毛線約34分鐘。 ◉東武伊勢崎線：從淺草到栃木約1小時8分鐘，轉乘JR兩毛線約23分鐘。	
伊香保溫泉	沒有直達鐵路車站。	✽從新宿約2小時37分。 ✽從東京車站約2小時28分。
四萬溫泉	沒有直達鐵路車站。	✽從東京車站約3小時30分。 ✽從羽田機場約5小時10分。

◉善用JR東京廣域周遊券，15,000日幣連續3天任搭！

　　JR東京廣域周遊券（JR TOKYO Wide Pass）是僅限持有非日本籍護照的旅客購買的通票，可連續3天任乘JR東日本指定路線，包括新幹線及特急列車。

　　JR東京廣域周遊券雖然涵蓋大部分東京近郊地方，但並非所有景點都能使用JR前往（例如三崎港、箱根、草津溫泉），另外，部分車程較短的車費只要1,000~2,000日幣，直接支付單程車費更划算。**建議先計劃好三天行程，確保能乘搭JR鐵路，並預估車費超過15,000日幣才比較划算。**

　　此外，請注意指定座席雖不用額外付費，但需要事先兌換指定座席券才可乘坐。

⊙票價 成人15,000日幣、兒童（6～11歲）7,500日幣

⊙購買方法
①在指定JR旅行服務中心（JR EAST TRAVEL CENTER）購買。
②使用附護照讀取功能的指定席售票機場購買，或換領票券(線上購買者)，旅客需出示護照（正本）才可換領/購買票券。

⊙可搭乘路線

→
JR有各種交通套票
可以選擇。

→JR東日本線。

→東京單軌電車線全線。

→伊豆急行線。

→富士急行全線。

→上信電鐵全線。

→埼玉新都市交通（大宮～鐵道博物館）。

→東京臨海高速鐵道全線。

→JR東日本與東武鐵道相連運行之特快列車「日光號」、「鬼怒川號」、「SPACIA 鬼怒川（Kinugawa）號」的普通車廂指定席。

→可搭乘東武鐵道線運行於下今市～東武日光、鬼怒川溫泉區間的普通列車（包含快速列車）。

「栗橋～下今市」區間僅限搭乘與東武鐵道相連運行的特快列車。

→R東京廣域周遊券可使用的特急列車，僅限於從JR線連接至東武鐵道的列車。無法搭乘以東武鐵道站為起點和終點的特快列車。

✱JR東京廣域周遊券無法搭乘東海道新幹線（因東海道新幹線由其他公司營運）。

✱搭乘富士急行線「富士山特急」、「富士山View特急」的1號車廂或「富士登山電車」，均須另外付費。

✱GALA湯澤站僅於冬季～春季營業。

↘JR東京廣域
周遊券

駕車注意事項，駕照申請及駕駛規則

　　自駕出遊不受班次時間束縛，並能直接開車至景點附近的停車場，讓行程更靈活、彈性。但日本與臺灣及香港的交通規則並不相同，務必事先了解以避免受罰、或危及自身與他人安全。

↑
富士山的景色讓開車的旅途變得更愉快。

◉駕照申請

↓線上申請駕照日文譯本網站

　　臺灣人在日本駕駛無須申請國際駕照，只要攜帶六個月以上效期的臺灣護照、臺灣駕照與駕照的日文譯本。日文譯本可在日本臺灣交流協會或各區公路監理所（站）申請。

↓線上申請國際駕駛執照網站

　　香港人需要申請國際駕駛執照才可在日本駕駛。需持有香港身分證，及有效或逾期不超過3年的香港正式駕駛執照，可親自前往運輸署櫃位、郵寄申請書或線上辦理申請。

◉駕駛規則

①日本為右駕行駛，靠左行駛。謹記左轉小彎、右轉大彎，先看右邊再看左邊。
②全車乘客皆需繫安全帶，未滿6歲的兒童須坐在兒童安全座椅上。
③不可酒後駕駛、不可開車時使用手機，違規會面臨罰款。
④一般道路限速60公里、高速公路為100公里。
⑤行人優先，務必停車讓行人先過；轉彎時，請多加留意過路行人。
⑥紅燈時，包含直行及左轉車輛在內，必須停車，直到綠燈後方可通行。即使是綠燈，右轉時仍是對向車輛優先，並停車等候，直至對向車輛左轉或直向行駛後才可右轉繼續前行。
⑦白色虛線可轉換車道或超車、白色實線不可隨意跨越變換車道、黃色實線不可轉換車道，請耐心等待通過禁止路段後，在安全路段處超車。
⑧高速公路最右邊為超車道，其他為一般車道。超車時請行駛到超車道，超車後再回到一般車道。
⑨當看到「止まれ」、「踏切」標誌時，請停下車輛。
以上是在日本駕駛時需要注意的事項，許多租車公司也有提供日本交通規則指南，請詳讀後再駕駛。

◉高速公路收費

　　日本高速公路可選擇現金支付或使用ETC系統收費。把ETC卡插入車輛後，無需停車可直接通過收費站，費用將於還車時一次繳付。

　　請注意日本租車不一定附帶ETC卡，或需要額外購買及租用，請在租車時確認。

↑
高速公路收費站有分ETC或現金的支付方式。

◉租車流程

①事先搜尋出發地的租車公司及預約服務。
②前往租車公司櫃台辦理租車。
③與租車公司店員一起確認車身狀況、車內配件等後才交車。
④進行自駕遊。
⑤還車前請先加滿油，並保留收據作為憑證。
⑥於指定地點還車，工作人員會檢查車輛狀況，確認無損壞後辦理還車手續。請注意日本公司嚴守時間，請在關門時間前提早前往還車，以免錯過還車時間需支付額外費用。

↑
左：在羽田機場的租車櫃台。　右：位於輕井澤的租車店，可至當地再租車。

---

must know

不一定要走路！
方便租借及返還的共享自行車

對於短距離的行程，不想花上10~20分鐘走路的話，也可以考慮租借自行車代步。許多人氣景點或車站旁都有租自行車店，近年還流行共享自行車。

只要下載APP與進行簡單註冊便可以租車，在指定地點自行領車及還車，租借時間及地點更靈活。不過，共享自行車系統通常需要信用卡、電子支付進行付款，價錢約15分鐘100~150日幣。

↓HELLO CYCLING

↓Docomo bike share

行李寄放、寄送：輕便旅行，攜帶大行李也能行動

　　如果不是自駕遊，且旅行期間需要更換飯店，還必須考慮攜帶行李移動或寄存行李的問題，在此提供兩種方式，可以依照自己的行程使用。

1 2 3　　1.日本許多車站及景點都設有置物櫃。
2.投幣式置物櫃尺寸多樣。
3.設有電子系統進行支付及上鎖/解鎖過程。

◉行李寄放

　　日本許多鐵路車站及景點設施都設有投幣式置物櫃，但置物櫃數量有限，需視現場狀況而定。其中「Coin Locker Navi」網站可查閱部分設置於日本鐵路車站的投幣式置物櫃位置、尺寸或收費等資訊。
↘Coin Locker Navi

◉行李寄送

　　也可使用雅瑪多運輸的行李寄送服務，他們提供多樣的行李或貨物寄送服務。如在指定時間把行李交給宅急便櫃台，或是可在當天把行李直接寄送到飯店。
　　此外，「LuggAgent行李特工」亦提供機場與飯店之間或飯店至飯店的行李運送服務，涵蓋東京、橫濱、富士山河口湖、箱根等地區，最快當天可送達。

↘雅瑪多運輸　　　↘LuggAgent行李特工

←
左：羽田機場有寄送行李的櫃台。
右：填寫寄送單。

Info. **3** 跟著時令去旅行：賞花、水果的時間表

　　東京近郊地方的農業繁盛，在當季時分可欣賞到美麗的花卉或是品嚐到香甜的水果。如果不確定想要去哪裡玩，不妨參考下列時間表，前往著名景點去賞花或摘水果，享受季節的自然瑰寶。

月分	美麗花卉	當季水果
1月		草莓(靜岡縣、栃木縣)
2月	河津櫻(神奈川縣三浦港、靜岡縣河津)	草莓(靜岡縣、栃木縣)
3月		草莓(靜岡縣、栃木縣)
4月	櫻花(日本全國各地)、芝櫻(埼玉縣秩父、山梨縣富士本栖湖度假區)、粉蝶花(茨城縣國營常陸海濱公園)、紫藤花(栃木縣)	
5月	芝櫻(埼玉縣秩父、山梨縣富士本栖湖度假區)、粉蝶花(茨城縣國營常陸海濱公園)、紫藤花(栃木縣足利花卉公園)。	
6月	紫陽花(神奈川縣鎌倉、箱根)	桃子(山梨縣)、蜜瓜(靜岡縣、茨城縣)
7月	太陽花（千葉縣、神奈川縣）	桃子(山梨縣)、蜜瓜(靜岡縣、茨城縣)、葡萄(山梨縣、長野縣)、西瓜(神奈川縣三浦港)
8月		桃子(山梨縣)、蜜瓜(靜岡縣、茨城縣)、葡萄(山梨縣、長野縣)、西瓜(神奈川縣三浦港)
9月	彼岸花(埼玉縣)	葡萄(山梨縣、長野縣)
10月	彼岸花(埼玉縣)、掃帚草(茨城縣)	蜜柑(靜岡縣)
11月	掃帚草(茨城縣)、紅葉(日本全國各地)	蜜柑(靜岡縣)
12月		蜜柑(靜岡縣)、草莓(靜岡縣、栃木縣)

*根據天氣情況，每年開花或水果成熟期不一，以上月分僅供參考。

1 2 3　　1.一串串葡萄掛在架上。
　　　　2.親手採摘草莓。
　　　　3.在水果農園能買到價廉物美的水果。

←
左：漫天的櫻花超美。
右：秋季可欣賞金黃色
的銀杏葉。

`must know`

關於日本的長假

日本有三個長假，許多日本人會休假數天至一週，是當地的旅遊旺季。因此設施的營業時間會有變動，交通、飯店需要提早預約以免額滿，打算開車自駕遊的話，更是要注意塞車時間。

⊙新年假期：法定假日為12月29日~1月3日，但加上週末等，許多公司會在12月28日~1月5日等休假。在新年期間大部分商業設施都會休息，商場、超商等也會縮短營業時間，建議出發前需先調查好。

⊙黃金週：法定假日為4月29日（昭和之日）、5月3日（憲法記念日）、5月4日（綠之日）、5月5日（兒童之日）。注意假期首天和最後一天都是交通最繁忙的日子，商業設施為了配合遊客也會延長營業時間。

⊙盂蘭盆節：盂蘭盆節在8月13日~16日，但加上8月11日的法定假日（山之日）與週末，容易組成連假。注意假期首天和最後一天都是交通最繁忙的日子，商業設施為了配合遊客也會延長營業時間。

新手適用！

1日 × 2日 × 3日 的行程規劃！

以東京的車站出發，整理了幾條可以將這些行程加入在你的東京行程中，更多的東京路線可以參考《遇見NEO東京》。

 〔**以品川為起/終點**〕

Route ❶ 三崎港橫濱漁港、都會一起玩

10:00 利用「Misaki Maguro Day Trip Ticket」從品川搭乘京急線➡ **11:26** 到達三崎口，轉乘巴士到三崎港➡步行 6 分鐘➡ **11:45** 在くろば亭吃鮪魚料理午餐➡ **13:14** 搭乘巴士到神奈川縣立城島公園散步➡ **14:34** 搭乘巴士回到三崎港➡步行 3 分鐘➡在海南神社拜拜➡步行 6 分鐘➡ **15:00** 在 3204 bread&gelato 吃義式冰淇淋休息一下➡步行 7 分鐘➡ **15:30** Urari Marche 海鮮館、蔬菜館購買伴手禮➡ **16:19** 搭乘巴士和鐵路回到橫濱➡ **18:24** 在橫濱車站商場購物及吃晚餐➡搭乘京急線➡ **20:32** 回到品川

Route ❷ 箱根・熱海吃喝 2 天遊

Day1｜ 8:04 從品川搭乘東海道新幹線到小田原車站➡ **8:30** 轉乘巴士到元箱根站➡步行 16 分鐘➡ **9:43** 在箱根神社水上鳥居打卡，在神社參拜➡步行 15 分鐘➡ **12:00** 在 Bakery & Table 箱根吃特色麵包當午餐➡ **13:25** 元箱根港搭乘海盜船遊湖➡ **13:50** 到達桃源港，轉乘箱根空中纜車➡ **14:30** 到達大涌谷吃黑雞蛋➡ **15:30** 到達早雲山站，在 cu-mo 箱根喝飲料休息➡ **16:08** 搭乘登山纜車回到強羅站，前往溫泉旅館入住，享受溫泉及晚餐

Day2｜ 10:00 從溫泉旅館 Check-out，前往箱根湯本車站逛商店街➡ **11:12** 搭乘箱根登山線到小田原站，轉乘 JR 東海道本線到熱海➡ **12:11** 抵達熱海車站➡步行 13 分鐘➡ **12:30** Himono Dining かまなり 吃創意魚乾料理午餐➡步行 5 分鐘➡ **13:30** 熱海陽光海灘散步吹海風➡步行 6 分鐘➡ **14:00** 新熱海土產物店 NEW ATAMI 選購特色雜貨➡ **14:23** 在銀座海岸站搭乘巴士➡ **14:31** 前往來宮神社參拜，在境內咖啡廳休息➡ **15:32** 搭乘巴士回到熱海車站，逛熱海站前商店街購物➡ * ① **17:02** 搭乘 JR 東海道新幹線回東京➡ **17:40** 到達品川車站

《 追加一天的行程 》

* ② **17:13** 搭乘 JR 東海道新幹線➡ **18:19** 到達濱松站➡步行 3 分鐘➡むつぎく吃濱松餃子當晚餐

+Day3｜濱松 1 日遊

9:30 濱松站搭乘 12 號遠鐵巴士➡ **9:39** よろい橋站下車➡步行 7 分鐘➡ **9:46** 在 Sweet Bank 吃早餐、拍照➡步行 7 分鐘➡ **11:26** よろい橋站乘搭 12 號巴士回濱松站➡ **11:57** 乘搭 30 號巴士➡ **12:32** すじかいばし 站下車➡步行 5 分鐘➡ **12:37** 在溫暖之森吃午餐、逛雜貨➡ **14:06** すじかいばし站搭乘 30 號巴士➡ **14:46** 回到濱松站➡在濱名湖養魚漁協直營店 Ekimachi 店購買鰻魚飯便當➡ **15:17** 搭乘 JR 東海道新幹線，在車上吃便當 ➡ **16:35** 回到品川車站➡ **16:49** 轉乘京濱急行電鐵京急線➡ **17:00** 到達東銀座站，銀座逛街購物➡在煉瓦亭晚餐品嚐元祖洋食料理

 〔以新宿為起／終點〕

Route ❸搭乘江之電玩遍鎌倉・江之島

10:10 從新宿搭乘小田急小田原線➡ **11:16** 到達片瀨江之島車站➡步行 3 分鐘➡ **11:19** 在江之島小屋吃海鮮丼➡步行 17 分鐘➡ **12:36** 逛江島神社參拜與散步➡步行 21 分鐘 ➡ **14:13** 回到江之島車站乘搭江之電➡ **14:37** 到達鎌倉車站➡ **14:40** 在 Kokuriko 御成通店吃可麗餅下午茶 ➡ **15:20** 走到鶴岡八幡宮參拜➡ **16:00** 在小町通購買伴手禮➡ **17:09** 搭乘 JR 湘南新宿線➡ **18:03** 在新宿時尚居酒屋吃晚餐

Route ❹山梨尋找富士山身影

Day1｜ 9:30 從新宿搭乘 JR 特急富士回遊號➡ **11:20** 到達富士山站➡ **11:30** 搭乘富士吉田市內循環巴士 (中央循環) ➡ **11:53** 大溝站下車➡步行 5 分鐘➡ **11:58** 白須うどん品嚐吉田烏龍麵➡步行 5 分鐘➡ **12:45** 大溝站搭乘富士吉田市內循環巴士 (中央循環) ➡ **13:03** 富樂時站下車➡於本町通商店街拍攝富士山照片➡步行 6 分鐘➡ **13:20** 喫茶檸檬喝咖啡➡步行 11 分 ➡ **14:25** 下吉田站搭乘富士急行線➡ **14:38** 到達河口湖站➡ **15:10** 轉乘西湖周遊巴士➡ **15:50** 到達西湖いやしの里根場站➡步行 2 分鐘➡在 dots by Dot Glamping Suite 001 體驗豪華露營

Day2｜ 10:00 dots by Dot Glamping Suite 001 Check-out ➡步行 2 分鐘➡ **10:05** 參觀西湖療癒之里根場➡ **11:10** 搭乘西湖周遊巴士➡ **11:41** 到達役場入口站➡步行 18 分鐘 / 搭乘計程車 3 分鐘➡ **12:00** ほうとう步成 河口湖店吃餺飥麵午餐➡步行 19 分鐘 ➡ **13:14** 到役場入口巴士站 ➡ **13:33** 搭乘河口湖周遊巴士在自然生活館站下車➡ **13:57** 在大石公園看富士山與花卉合影 ➡ **15:27** 於自然生活館站搭乘河口湖周遊巴士 ➡ **15:34** 旅の駅 Kawaguchiko Base 購買伴手禮➡河口湖周邊飯店 Check-in 休息

Day3｜ 10:00 飯店 Check-out ➡ **10:28** 河口湖站搭乘富士急行線➡ **10:30** 富士急樂園玩雲霄飛車看富士山 ➡ **14:58** 搭乘 JR 特急富士回遊號➡ **16:57** 到達新宿，周邊百貨逛街➡步行 5 分鐘➡ほぼ新宿のれん街居酒屋吃晚飯

Route ⑤草津溫泉、伊香保溫泉療癒放鬆 2 天遊

Day1 | 8:05 從新宿高速巴士總站搭乘高速巴士➡ 12:08 到達草津溫泉巴士總站➡ 步行 7 分鐘➡ 12:15 まんてん吃釜飯午餐➡步行 7 分鐘➡ 13:30 西之河原公園散步、泡足湯➡步行 5 分鐘➡ 14:30 湯畑周邊拍照、購買伴手禮➡ 15:30 熱乃湯看湯揉秀 ➡步行 6 分鐘➡ 16:00 於清月堂 門前通り店吃日式提拉米蘇下午茶➡ 17:00 溫泉旅館 Check-in 休息

Day2 | 10:00 草津溫泉巴士總站搭乘高速巴士➡ 11:27 到達伊香保石段街，稍作休息 ➡ 12:12 乘搭巴士高崎伊香保線➡ 12:21 在水澤站下車➡步行 1 分鐘➡ 12:22 在田丸屋品嚐水澤烏龍麵午餐➡步行 2 分鐘➡ 13:30 水澤寺拜拜千年觀音➡ 14:07 水澤觀音站乘搭巴士回去➡ 14:15 回到伊香保石段街，爬樓梯觀光逛街➡ * ① 16:30 搭乘高速巴士回東京➡ 19:05 到達新宿，在車站周邊商場吃晚飯

〖 追加一天的行程 〗

* ② 16:16 乘搭巴士澀川伊香保溫泉線➡ 16:42 到達澀川站➡ 16:52 轉乘吾妻線至高崎站➡ 17:48 高崎站轉乘北陸新幹線➡ 18:03 至輕井澤 Check-in 飯店

+Day3 | 輕井澤 1 日遊

9:00 SAWAMURA ROASTERY KARUIZAWA 吃早餐➡ 10:00 舊輕井澤銀座通逛街➡ 搭巴士 5 分鐘➡ 12:00 雲場池看風景➡搭巴士 15 分鐘➡ 13:19 榆樹街小鎮川上庵吃午餐➡步行 11 分鐘➡ 14:30 參觀高原教會➡步行 4 分鐘➡參觀石之教會內村鑑三記念堂 ➡步行 11 分鐘➡ 16:00 星野溫泉蜻蜓之湯泡溫泉休息➡ 17:40 搭巴士 20 分鐘➡ 18:00 輕井澤站搭乘新幹線回東京

 〔以池袋為起 / 終點〕

Route ⑥小江戶東京穿越時空之旅

9:00 池袋 RACINES FARM TO PARK 吃早餐➡ 10:00 搭乘東武東上線到川越站，轉乘巴士到川越冰川神社➡ 10:43 川越冰川神社參拜抽神籤➡搭乘巴士 6 分鐘 / 步行 16 分鐘 ➡ 12:13 川越いちのや本店吃鰻魚飯午餐➡步行 8 分鐘➡ 13:30 唐木木工領號碼牌➡ 時之鐘、菓子屋橫丁拍照逛街➡ 14:30 唐木木工體驗製作木筷子➡步行 2 分鐘➡ 15:30 MINAMIMACHI COFFEE 品嚐地瓜甜點➡ 16:00 搭乘巴士和電車回池袋➡ 17:30 在池袋太陽城廣場逛卡通角色商店➡步行 9 分鐘➡ 18:30 鷄の穴吃雞白湯拉麵當晚餐

Route ⑦秩父體驗大自然與歷史

9:30 池袋搭乘西武池袋線➡ 10:51 到達西武秩父站➡步行 3 分鐘➡ 11:00 野さか品

嚐當地美食豬肉味噌丼➡步行 13 分鐘➡ **12:15** 在秩父神社參拜➡步行 2 分鐘➡ **12:40** SUN DOLCE 秩父番場店吃義式冰淇淋休息一下➡步行 4 分鐘➡ **13:17** 在秩父站搭乘秩父鐵道到長瀞站➡步行 3 分鐘➡ **13:45** 搭乘長瀞川遊船看風景➡步行 15 分鐘➡ **14:30** 在寶登山神社參拜及乘坐纜車➡步行 12 分鐘➡ **15:42** 長瀞搭乘秩父鐵道到御花畑站➡步行 8 分鐘➡ **16:14** 西武秩父站旁祭の湯購買伴手禮➡ **17:24** 搭乘西武池袋線 ➡ **18:47** 回到池袋，在車站周邊商場吃晚飯

 〔以淺草為起 / 終點〕

Route ⑧日光朝聖世界遺產
9:00 淺草梅と星品嚐日式早餐➡步行 3 分鐘➡ **10:00** 東武淺草站乘搭 SPACIA X ➡ **11:47** 到達東武日光站，轉乘巴士➡ **12:07** 乘搭巴士 (中禪寺溫泉行)➡ **12:10** 到達鉢石町站➡ **12:11** 在 Sun Field 品嚐湯波御膳➡步行 15 分鐘➡ **13:30** 在輪王寺拜拜➡步行 7 分鐘➡ **14:00** 參觀日光東照宮➡步行 5 分鐘➡ **15:15** 二荒山神社➡步行 6 分鐘➡ **15:45** 西參道茶屋吃點心休息➡ **16:14** 乘搭巴士回東武日光站➡ **16:27** 到達東武日光站 ➡ * ① **16:33** 乘搭東武日光線到下今市站➡ **16:42** 乘搭 SPACIA X 回東京➡ **18:45** 到達東武淺草站➡步行 10 分鐘➡淺草橫町餐廳吃晚飯

〖 追加一天的行程 〗
* ② **17:19** 乘搭 JR 日光線➡ **18:02** 到達宇都宮站➡步行 19 分鐘➡ **18:21** 在来らっせ本店吃餃子當晚餐➡ **19:30** 入住飯店休息

+Day2 ｜宇都宮 1 日遊
10:00 Yakult Cafe & Gallery 吃早餐➡步行 13 分鐘➡ **11:26** 馬場町站搭乘 45 號路線巴士➡ **11:50** 資料館入口站下車➡步行 3 分鐘➡ **11:53** 大谷資料館參觀礦石宮殿 ➡ **13:27** 資料館入口站搭乘 1 號路線巴士➡ **13:48** 縣廳前站下車，轉乘 52 號路線巴士 ➡ **14:15** 大杉屋站下車➡步行 9 分鐘➡ **14:24** 若山農場在竹林中喝茶➡ **15:48** 大杉屋站搭乘 1 號路線巴士➡ **16:20** 在 JR 宇都宮站下車➡ **16:35** 乘搭東北新幹線➡ **17:24** 到達東京車站

* ☺ ☞ 巴士及電車時間只供參考，請出發前調查最新交通時間表，或利用 GoogleMap 路線規劃，搜尋當時最佳交通路線。

Part. 1

車程時間→ 30 分鐘~ 1 小時
適合行程→當天來回

一天就足夠
的短行程

如果厭倦了東京的城市風景,不如走到戶外近郊,看山看海也是不
錯的行程,提供給一些當天來回東京的景點去探險吧!

地點→橫濱、鎌倉、江之島、三崎港、川越、成田機場周邊、熱海

當天來回

Route.
かながわ
1

Kanagawa-ken
Yokohama-shi

神奈川縣

關東人最想住的地區 NO.1

《 橫濱 》

橫濱為神奈川縣最大都市,按面積與人口比例來說,是僅次於東京的日本第二大都市。由房地產公司所舉辦的最想居住的首都圈地區排行榜,連續 7 年蟬聯第一位,奪去東京的寶座,成為關東人最想住的地方。

對於已住在橫濱 4 年的我(雖然是遠離市中心的地方),完全能理解其魅力何在。這座城市集便利、觀光景點與歷史文化於一身,只要搭乘電車就能直通關東各處,即使假日待在橫濱逛逛也能過得很精彩。豐富的商店、悠閒的海港風情,對於想稍微離開東京的自由行新手,可從橫濱開始踏出你的近郊旅行第一步。

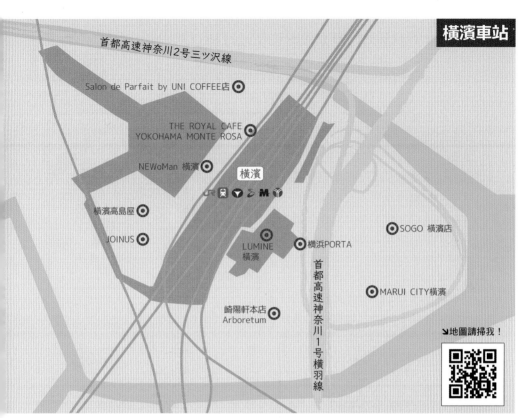

首都高速神奈川2号三ツ沢線

Salon de Parfait by UNI COFFEE店 ◉

THE ROYAL CAFE ◉
YOKOHAMA MONTE ROSA

NEWoMan 横濱 ◉

横濱

横濱高島屋 ◉

SOGO 横濱店 ◉

JOINUS ◉

LUMINE
横濱

横浜PORTA ◉

MARUI CITY横濱 ◉

崎陽軒本店
Arboretum

首都高速神奈川1号横羽線

↘地圖請掃我！

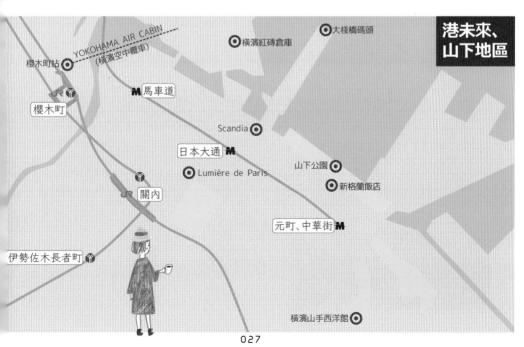

大棧橋碼頭 ◉

横濱紅磚倉庫 ◉

YOKOHAMA AIR CABIN
（横濱空中纜車）

櫻木町站 ◉

Ⓜ 馬車道

櫻木町

Scandia ◉

日本大通 Ⓜ

山下公園 ◉

Lumière de Paris ◉

新格蘭飯店 ◉

關內

元町、中華街 Ⓜ

伊勢佐木長者町

横濱山手西洋館 ◉

@ 比東京更好買!
橫濱車站周邊商場購物整理

自從搬到橫濱市後,便鮮少到東京購物,因為橫濱車站旁就有多家商場與百貨,服飾、雜貨、彩妝、伴手禮點心等,日本知名品牌大多可在這邊找到。而且又有地下街相互連通,既能不受天氣影響,又能快速前往每個購物點,猶如購物城一樣超級方便!不過,對於第一次來訪的旅客是容易迷路的,不妨透過右方圖示,了解大致方位。此外,想要在有限時間裡找到適合自己的商店,筆者針對了下列百貨整理出個別特色,可以多加參考。

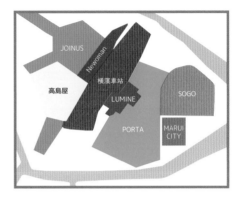

	LUMINE	JOINUS	PORTA	NEWoMan	MARUI CITY	高島屋	SOGO
年齡層	20代~40代	10代~30代	30代~50代	20代~40代	10代~30代	30代~60代	30代~60代
層數	11層	7層	1層	10層	10層	11層	13層
人流繁忙度	高	高	高	中等	低	中等	中等
特色	連鎖日牌為主,風格偏向輕熟女、休閒	連鎖日牌為主,風格偏年輕	有多家連鎖餐廳,服飾與雜貨各半	高級精品與知名設計品牌,風格精緻時尚	以百元商店及風格雜貨為主,設有動漫及卡通角色專門店	高級精品與國際品牌為主,設有伴手禮及點心賣場	高級精品與國際品牌為主,設有伴手禮及點心賣場
價位	中等	中等	中低價	中高	中低價	高	高

LUMINE 橫濱店

🏠 地址:神奈川縣橫浜市西區高島2-16-1
🚶 如何抵達:「橫濱」站中央北口/中央南口步行約1分
🕐 營業時間:10:00~22:30 定休日:不定休
🌐 網址:https://www.lumine.ne.jp/traditional/yokohama/

②

JOINUS

- 🏠 地址：神奈川縣橫浜市西区南幸1-5-1
- 🚶 如何抵達：「橫濱」站西口步行約1分
- 🕐 營業時間：10:00～23:00 定休日：不定休
- 🌐 網址：https://www.sotetsu-joinus.com/

橫濱 PORTA

- 🏠 地址：橫浜市西区高島2丁目16番B1号
- 🚶 如何抵達：「橫濱」站中央北口/中央南口步行約1分
- 🕐 營業時間：10:00～23:00 定休日：不定休
- 🌐 網址：https://www.yokohamaporta.jp/language/traditional.html

NEWoMan 橫濱店

- 🏠 地址：神奈川縣橫浜市西区南幸1-1-1
- 🚶 如何抵達：「橫濱」站西口步行約1分
- 🕐 營業時間：10:00～22:00 定休日：不定休
- 🌐 網址：https://www.newoman.jp/yokohama/

MARUI CITY 橫濱

- 🏠 地址：神奈川縣橫浜市西区高島2-19-12
- 🚶 如何抵達：「橫濱」站東口步行約3分
- 營業時間：10:30～20:30 定休日：不定休
- 🌐 網址：https://www.0101.co.jp/077/

橫濱高島屋

- 🏠 地址：橫浜市西区南幸1丁目6番31号
- 🚶 如何抵達：「橫濱」站西口步行約1分
- 🕐 營業時間：10:00～23:00 定休日：不定休
- 🌐 網址：https://www.takashimaya-global.com/tw/stores/yokohama/

SOGO 橫濱店

- 🏠 地址：神奈川縣橫浜市西区高島2-18-1
- 🚶 如何抵達：「橫濱」站東口步行約3分
- 🕐 營業時間：10:00～22:30 定休日：不定休
- 🌐 網址：https://www.sogo-seibu.jp/yokohama/

@ 逛累了在這些咖啡廳休息吧!

　　橫濱車站周邊的每家商場百貨中都設有餐廳或咖啡廳,想要找地方休息並不難。但,都難得來到了橫濱,總覺得要踏進當地特色小店,才過癮啊!

在名師設計中享受甜點
《THE ROYAL CAFE YOKOHAMA MONTE ROSA》

⌂ 地址:神奈川県横浜市西区南幸1-1-1
🚶 如何抵達:東急電鐵「橫濱」站西口/北西口步行約5分
🕐 營業時間:9:00~19:00 定休日:如作為觀光列車休憩廳將不會開放
🌐 網址:https://the-royalexpress.jp/cafe/

　　連橫濱人都不一定知道的超級隱蔽位置,位在東急電鐵車站旁的南北連繫通道裡,如果不是特地來訪甚少會經過。這其實是觀光列車「THE ROYAL EXPRESS」乘客使用的休憩廳,同時又作為咖啡廳開放給一般客人光顧。

　　咖啡廳的裝潢由著名列車設計師水戶岡銳治所設計,充滿氣派且帶有復古感。2023年與橫濱著名蛋糕店Monterosa合作,提供精緻的蛋糕與講究的咖啡和紅茶,在優雅的店內享用甜點與寧靜的時光。

↑
上:咖啡廳的外觀也很復古摩登。
下:夏季限定的蜜瓜提拉米蘇蛋糕味道清爽,與咖啡搭配。

橫濱發源咖啡品牌
《Salon de Parfait by UNI COFFEE ROASTERY》

⌂ 地址:神奈川県横浜市西区南幸1丁目3-1 横浜モアーズ8F
🚶 如何抵達:「橫濱」站中央北口/中央南口步行約5分
🕐 營業時間:11:00~23:00 定休日:無
🌐 網址:https://unicoffeeroastery.jp/location/yokohama-mores/

←
左:假日店內坐滿女性為主的客人。
右:店舖有可愛的裝飾。

在燒賣名店吃三層架下午茶？《崎陽軒本店 Arboretum》

🏠 地址：横浜市西区高島2-13-12　崎陽軒本店1階
🚃 如何抵達：「橫濱」站東口步行約3分
🕐 營業時間：10:00～19:00 定休日：無
🌐 網址：https://kiyoken-restaurant.com/arboretum/

　　有著觀光景點「中華街」的橫濱，其中一項當地名物就是崎陽軒的燒賣！在橫濱車站的便當店總會看到長長的排隊人龍。有趣的是，在主打中華料理的本店裡竟然開著一家洋式咖啡廳，還提供價格實惠的三層架下午茶。

　　擁有100多年歷史的崎陽軒，本店大樓內設有幾家餐廳，而一樓的咖啡廳Arboretum深受當地女士們歡迎，下午茶不事先預約的話不一定吃得到。一人份的三層架下午茶只要2,500日幣，3份蛋糕、司康餅、沙拉、三明治，再搭配飲料。雖然口味及賣相不算非常特別，但高性價比，難怪下午時段都滿座。

→
上：咖啡廳位在挑高空間的大廳中。
下：二人份的下午茶，甜點及點心份量不小。

　　走在神奈川縣，時常會看到這家「UNI COFFEE ROASTERY」招牌，這可是發源自橫濱的連鎖咖啡店，近年分店愈開愈多，也開始拓展至其他關東地區。他們不只對咖啡講究，甜點也很出色，有著超越連鎖店的水準。

　　在橫濱車站周邊就開了一家聖代專門店，可同時享用美觀的聖代與咖啡。季節限定的檸檬與茉莉茶聖代，清爽的檸檬雪酪與果凍搭配帶著茶香的冰淇淋，加上脆片、堅果及奶油豐富口感。他們是難得營業至晚上的咖啡廳，無論是下午茶或是飯後宵夜來光顧都可。

→
聖代層次豐富，既好看且味道多變。

@ 日本人浪漫約會聖地：港未來、山下地區

與橫濱車站車站只隔1~2站的港未來地區，因臨近海港，有許多摩天大廈建設，加上山下地區一帶的公園、博物館、觀景台，可是集約會經典行程之大成，因此在日本是知名的約會地點。日劇如《月薪嬌妻》、《被擦掉的初戀》都曾選址橫濱拍攝，吸引不少粉絲來聖地巡禮。時髦的商業設施、悠悠的海風、閃爍的夜景，浪漫到讓你我都可化身為日劇主角。

1	3
	4
2	5

1.橫濱地名的打卡標誌。
2.寶可夢經常在橫濱舉行活動，連郵筒上都有皮卡丘。
3.橫濱保留許多傳統洋式建築物。
4.纜車在高樓大廈間運行的獨特景觀。
5.港未來運河沿岸有著悠閒氛圍。

日本首座都市型循環纜車《YOKOHAMA AIR CABIN》

> ⌂ 地址：横浜市中区新港2丁目1番2号
> ⊛ 如何抵達：JR「櫻木町」站東口步行約1分
> ⏰ 營業時間：平日10:00～21:00，週末及假日10:00～22:00 定休日：不定休
> ⊕ 網址：https://yokohama-air-cabin.jp/

　　2021年開幕的纜車，打著「日本首座都市型循環纜車」名號，連接櫻木町與橫濱運河公園短短630公尺距離，單程約5分鐘便可到達。雖然是走路也能到的距離，但坐在密封的包廂中，俯瞰著美麗的城市景觀，隨著微風吹拂車廂，心跳也會跟著加速吧！

↑纜車包廂在半空中運行。

歷史建築物轉型文創設施《橫濱紅磚倉庫》

> ⌂ 地址：神奈川縣横浜市中区新港1-1
> ⊛ 如何抵達：橫濱高速鐵道港未來線「馬車道」站步行約6分
> ⏰ 營業時間：10:00～20:00 定休日：不定休
> ⊕ 網址：https://www.yokohama-akarenga.jp/

　　坐擁海港的橫濱曾是日本的重要物流據點，而在明治至大正年代建造的紅磚倉庫，隨著時光流逝而卸下了倉庫的任務，現在已轉型為文創設施。兩座紅磚倉庫1號館、2號館有許多商店及餐廳進駐，從日本時尚雜貨到橫濱伴手禮點心，假日總是擠滿遊客逛街。在設施中央的空地更是不定期舉行美食節、市集等主題活動，氣氛熱鬧。

1 2 3 4

1.以紅磚倉庫為主題的雜貨商品。
2.精緻又有日本特色的金箔餐具。
3.紅磚倉庫建築在現代化都會中顯得特別。
4.很多遊客到訪紅磚倉庫。

碼頭上的廣闊觀光平台《大棧橋碼頭》

> ⌂ 地址：神奈川県横浜市1-4中区海岸通1丁目
> 🚶 如何抵達：橫濱高速鐵道港未來線「日本大通」站步行約7分
> ⏲ 觀景台營業時間：24小時開放　定休日：無
> 🌐 網址：https://osanbashi.jp/

　　大棧橋碼頭全名是「橫濱港口大棧橋國際客輪碼頭」，原是橫濱最古老的碼頭港口，在2002年重建後成為國際遊輪的停泊碼頭。屋頂特別打造出觀景平台，以木頭甲板及草地呈現自然開放的空間，遊客可隨意走走坐坐，飽覽橫濱的美景。

←
甲板上鋪了草地營造舒適環境。
↓
黃昏時大廈亮起燈光更加美麗。

橫濱夜景小知識

　　出身於香港的我對於夜景可是有一股勝負欲，總覺得日本的景致不及香港密集的摩天大樓來得華麗璀璨。記得曾在大棧橋與出身神奈川縣的老公爭論哪邊的夜景更美，他提到橫濱的夜景可是經過特別設計。

　　原來橫濱市通過景觀制度規則和歷史建築的燈光照明等措施，利用調整燈光的強度、方向、角度、色調、大小和位置來打造這片美麗夜景，例如高樓大廈使用白色系照明，低層部分則使用暖色系照明，活用燈光與水面的鏡面折射效果等等，可是充滿精心計算！

←
上：建築物的高低差形成漂亮構圖。
下：摩天輪及紅磚倉庫為景色畫龍點睛。

看著海景散散步《山下公園》

⌂ 地址：神奈川縣橫浜市中区山下町279
🚶 如何抵達：橫濱高速鐵道港未來線「元町‧中華街」站步行約3分
🌐 網址：https://www.welcome.city.yokohama.jp/spot/details.php?bbid=190

　　山下公園是昭和年代關東大地震重建項目之一，至今已成為橫濱著名的景點。約7.4公頃面積的公園內種滿各式各樣的植物與花卉，面對著橫濱港遼闊大海，洋溢著悠閒舒適氣氛。假日不少家庭及情侶都會坐在草地或長椅上休憩，可感受當地人生活。

　　公園旁停靠日本郵船冰川丸，是一艘歷史悠久的遠洋貨客船，已成為博物館收費開放客上船參觀。

→
上：一大片草地開放遊人使用。　下：充滿氣勢的郵船。

@ 來一場復古名建築巡禮：
元町・馬車道地區

都市化的橫濱，街上到處都是商業設施，當走到元町・馬車道地區竟漸漸感受到一股西洋氣息。自江戶時代開港以後，橫濱迎接四面八方而來的外國文化，留下不少充滿歷史價值的建築物。如果你也鍾情這種獨特的異國情調，不妨走進這些經過歲月洗禮的名建築，重溫當年的風貌。

←
上：街頭處處可見復古感的建築。
下：洋式風格的花園。

→
餐廳招牌的字型設計也很可愛。

參觀外國人居留地回顧當年《橫濱山手西洋館》

⌂ 地址：每個居所位置不同，務必先上網確認
🚶 如何抵達：JR「石川町」站步行約5分
🕐 營業時間：9:30〜17:00
🌐 網址：https://www.hama-midorinokyokai.or.jp/yamate-seiyoukan/

山手曾是外國人居留地，作為當地西洋文化的發源地，保留了7所具有價值的建築物，並免費開放給遊客參觀。從外交官的家、商人的家到駐日英國大使公邸，館內的家具、廚房、浴室等設計都呈現了當時人們的生活面貌。空間充斥著歐陸風情，像是走進古典洋娃娃屋一樣，即使對建築毫不認識，單純回顧歷史也有趣。

→
山手111番館的內部。

1 2
3 4
5
6 7

1.站在山手一帶的街道上讓人忘記自己身在日本。
2.外交官之家。
3.附設咖啡廳的艾利斯曼邸。
4.建築物周邊都種了植物，環境優美。
5.建築內保留當時使用的家具。
6.孩子房間的設計就像童話書中的一樣可愛。
7門框、燈都蘊含特色。

品嚐元祖洋食料理《新格蘭飯店 The CAFE》

⌂ 地址：神奈川県横浜市中区山下町10番地
🚶 如何抵達：橫濱高速鐵道港未來線「元町・中華街」站步行約2分
🕐 營業時間：10:00～21:30 定休日：無
🌐 網址：https://www.hotel-newgrand.co.jp/

　　說到橫濱的名建築，不可不到訪新格蘭飯店。1927年開業，為日本首家西式飯店，接待無數來訪日本的名人賓客。飯店由著名日本建築師渡邊仁所設計，被認定為「近代化產業遺產」，富有歷史價值。其中館內的2樓大廳及大樓梯特別值得參觀，天花板與柱子上的雕刻花紋、開業當時保存下來的家具、每一盞燈具、藍色花紋地毯及窗簾，打造出瑰麗而氣派的空間。

　　1樓的咖啡廳也是懷舊迷必訪！據說日式經典洋食「海鮮焗烤飯」、「拿坡里義大利麵」及「布丁水果百匯」都是由這家咖啡廳所創！其中海鮮焗烤飯，放入大塊的蝦子、帆立貝等海鮮，澆上滿滿的白醬，再放上起司焗烤。白醬帶有淡淡的奶油香，味道不會過分濃郁，即使吃完整碗也不會太膩。

1 2 3　　1.大樓梯很有氣派。
2.充滿細節的大廳。
3.海鮮焗烤飯簡單而美味。

浸沉在昭和時代和咖啡中《咖啡的大學院 Lumiere de Paris》

⌂ 地址：神奈川県横浜市中区相生町1-18
🚶 如何抵達：橫濱高速鐵道港未來線「日本大通り」站步行約5分
🕐 營業時間：星期一至五10:00～18:30，星期六及假日10:30～18:00 定休日：星期日

　　日本老舖喫茶店近年在年輕人間掀起熱潮，很多人都會特地去感受昔日情懷。這家在1974年開業的咖啡廳，一進入店內就有種時光倒流的感覺。水晶吊燈、金黃色的牆壁與花紋磚牆、華麗的裝潢風格卻又帶著陣陣懷舊氛圍，有趣的是，客人

名人也來訪的北歐料理老舖《Scandia》

⌂ 地址：横浜市中区海岸通り1-1
🏃 如何抵達：横濱高速鐵道港未來線「元町·中華街」站步行約2分
🕐 營業時間：11:00～22:00，星期日17:00～22:00 定休日：星期三
🌐 網址：https://scandia-yokohama.jp/

1 2　　1.餐廳外觀有顯眼的招牌。
　3　　2.午餐的漢堡排。
　　　　3.裝潢有著復古感。

　　設在1929年竣工的横濱貿易會館大樓內，由日本建築家川崎鐵三所設計，外觀的抓紋磁磚與內部的橡木地板都完好無損地保存下來。餐廳共有兩層，店內的一桌一椅、照明、裝飾都瀰漫著復古氣氛。提供的是北歐料理，午餐價格實惠，烤牛肉份量十足、漢堡排醬汁濃郁。難怪據説日本知名歌手美空雲雀和松任谷由實都是這裡的老顧客！

卻是20~30代為主，感受到文化的傳承。

　　店名「咖啡的大學院」也不是浪得虛名，對咖啡真的講究，還有多種咖啡豆可選擇，每杯用上比一般咖啡店兩倍的咖啡豆來沖調，味道特別濃醇。在獨特的環境氣氛下更是覺得有風味。

↑
左：濃郁香氣的手沖咖啡。
右：帶著昭和時期的華麗風格。

當 天 來 回

Route.
かながわ
2

Kanagawa-ken
Kamakura-shi

神奈川縣

鎌倉

歷史悠久的古都

鎌倉的歷史源遠流長，可追溯到一千多年前，日本幕府制度的建立者「源賴朝」將幕府設於此，使得這片土地成為當時的政治中心並得以發展，小栗旬主演的大河劇《鎌倉殿的 13 人》就是以這段歷史背景改編。直至今日，鎌倉成為關東首屈一指的觀光名勝，古典傳統氛圍、靠山近海的豐富自然環境、各種特色小店，是片發掘不完的寶地。

↘地圖請掃我！

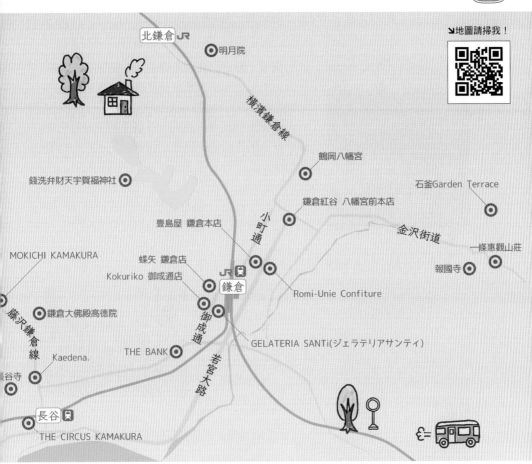

---

travel notes

關於鎌倉交通

鎌倉的觀光景點主要分佈在四個區域：鎌倉車站周邊、長谷車站、北鎌倉及金澤街道，遊客可利用電車從東京來到鎌倉，而鎌倉市內可利用JR電車、江之島電鐵及巴士前往不同景點。

從JR鎌倉車站出發：

◉ 前往「長谷」
電車→江之島電鐵（3站，約5分鐘）
巴士→京急巴士「鎌4 鎌倉山」／江之電巴士「F11 藤澤駅南口」（長谷觀音站6站，約8分鐘，大佛前站 7站，約10分鐘）

◉ 前往「北鎌倉」
電車→JR橫須賀線（1站，約3分鐘）
巴士→江之電巴士「A21上大岡駅」／「N2大船駅」（明月院站 6站，約7分鐘）

◉ 前往「金澤街道」
巴士→京急巴士「鎌23 鎌倉靈園正面前太刀洗‧金沢八景」（淨明寺站 6站，約14分鐘）

《 熱鬧無比觀光購物點：鎌倉車站周邊 》

如果是第一次來鎌倉，只想單純寺廟散策、逛街購物，那可以集中在鎌倉車站周邊。從鎌倉車站出來就會看到各式各樣的商店與餐廳，一逛就可能花上半天時間。

鎌倉車站周邊的商店及餐廳主要分佈在三條街：東口的小町通、若宮大路兩側，以及西口的御成通。

←
上：若宮大路附近在春季會開滿櫻花。下：鎌倉車站內的伴手禮商店。

伴手禮美食一條街〖小町通〗

> ⌂ 地址：鎌倉市小町1～2丁目、雪ノ下1～2丁目附近
> 🚶 如何抵達：JR「鎌倉」站東口步行約2分

鎌倉車站東口周邊的商店街，約450公尺的路上就有近250家店舖，可現場品嚐的小吃、適合當伴手禮的零食點心、和風設計的雜貨等等。路程雖然不長，但這家進去逛逛，那家停下來吃點東西，逛完兩手都是戰利品。

←
上：小町通周邊有很多提供外帶小吃的店舖。
下：販售日式高湯的商店。

↓
鎌倉煉瓦工場的赤瓦杯墊商品。

招牌點心這邊買〖若宮大路兩側〗

　　在鶴岡八幡宮表參道「若宮大路」的兩側也是滿滿的餐廳及商店，這當中還有些鎌倉名店，可以在此購買當地最有名的點心。

1 2 3　　1.設有茶座的商店。　2.表參道上的巨大鳥居是當地地標之一。　3.商店排列在馬路兩側

❀ 豐島屋 鎌倉本店

> ⌂ 地址：神奈川縣鎌倉市小町2-11-19
> Ⓚ 如何抵達：JR「鎌倉」站東口步行約4分
> ⏱ 營業時間：9:00～19:00　定休日：星期三
> ⊕ 網址：https://www.hato.co.jp/

　　以白鴿造型餅乾聞名的老牌點心店。在洋菓子尚未普及的明治年間，千辛萬苦入手奶油來製作，並採用鶴岡八幡宮象徵之一的白鴿形狀，120年來這款餅乾成為鎌倉名物之一。豐島屋本店的店面寬敞，不只有種類繁多的點心與周邊商品，也可找到限定版。

→
招牌的白鴿餅乾。

↓
黃色的可愛紙袋送禮很體面。

↑
左：本店限定發售的餅乾禮盒。
右：寬廣的店面內都是購買伴手禮的遊客。

❀ 鎌倉紅谷 八幡宮前本店

⌂ 地址：神奈川県鎌倉市雪ノ下1-12-4
🚶 如何抵達：JR「鎌倉」站東口步行約9分
🕐 營業時間：9:30～17:00 定休日：無
🌐 網址：https://beniya-ajisai.co.jp

這應該是鎌倉最搶手的點心了！每天早上9點半開門，熱門商品到中午左右就會售罄，最好一到鎌倉就得立刻去買。其招牌商品「クルミッ子」（Kurumikko）全手工製作，經常供不應求。以餅乾夾著軟滑的焦糖醬與核桃果仁，香甜的焦糖與堅果香氣是完美的組合。

↑
クルミッ子有各種大小盒裝可以選擇。

→
左：5個的紙盒裝。
右：打開後餅乾整齊排列。

❀ Romi-Unie Confiture

⌂ 地址：神奈川県鎌倉市小町2-15-11
🚶 如何抵達：JR「鎌倉」站東口步行約5分
🕐 營業時間：10:00～18:00 定休日：無
🌐 網址：https://romi-unie.jp/

在日式風情濃厚的鎌倉街道上，一家小小的洋式烘焙點心店，散發著誘人香氣。店內前陳列著各式各樣的手工果醬，清爽水果的口味、濃郁的焦糖醬等，還有多種烘培點心。鎌倉店限定的餅乾印有「KAMAKURA」字樣，簡約可愛包裝，送禮自用皆宜。

→
上：鎌倉店限定的焦糖果仁醬。
下：店內有著鄉村裝潢風格。

找家寧靜小店休息〖御成通〗

　　如果鎌倉車站東口絡繹不絕的人潮讓你感到疲累，不妨走到西口的御成通可以稍作喘息。這邊的商店數量雖然不及另外兩條商店街，卻有著可愛咖啡廳為你送上一點甜。

→
左：販售服飾和雜貨的小店。
右：鎌倉品牌Good Lucks原創小熊角色商品。

❀ 蝶矢 鎌倉店

⌂ 地址：神奈川縣鎌倉市御成町11-7鎌倉御成町白亜1F
🚶 如何抵達：JR「鎌倉」站西口步行約1分
🕐 營業時間：平日10:00～18:00、週末10:00～19:00　定休日：無
🌐 網址：https://choyaume.jp/pages/kamakura

　　以梅酒聞名的蝶矢，在超商內總會看到他們家的商品。在鎌倉特別設有梅子主題專門店，隱藏在小巷的深處。純白的店面內有體驗區，如果事先預約就能現場調製梅酒。也可直接購買梅子飲料，讓酸甜的味道帶來療癒。

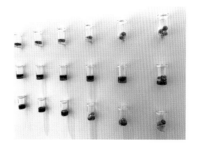

↑
展示梅酒熟成的過程。
←
上：自製梅酒的體驗區。
下：梅子冰茶口味清爽。

❋ GELATERIA SANTi

🏠 地址：神奈川縣鎌倉市御成町2-14
🚶 如何抵達：JR「鎌倉」站西口步行約2分
🕐 營業時間：5月～10月平日12:00～17:00、週末11:00～17:00；
11月～4月12:00～日落　定休日：無
🌐 網址：https://gelateriasanti.com/

　　純白色的店面寫著大大的「GELATO」，彷彿在向逛累了的路人招手，進來嚐嚐以湘南地區食材製作的義式冰淇淋。店主因為在義大利旅行途中對義式冰淇淋一試成主顧，於是回到日本開店，主打天然與當季食材，把鎌倉出產的蜂蜜、橫須賀農園的草莓等加入冰淇淋中，可品嚐到鮮甜的水果與濃郁牛奶味道。店外設有數張長椅供客人休息，在店舖的後方還有隱藏彩蛋，可以看到江之電經過，是個不錯的拍照位！

1 2 3

1.店舖後的座位可以看著江之電吃冰淇淋。
2.冰淇淋口味多樣且經常變換。
3.冰淇淋都在櫃台中好好冷凍保存。

Plus 同場加映

銀行分行改造成質感酒吧《THE BANK》

🏠 地址：鎌倉市由比ガ浜3-1-1
🚶 如何抵達：JR「鎌倉」站西口步行約9分
🕐 營業時間：15:00～24:00　定休日：星期一、二
🌐 網址：https://www.instagram.com/thebank_kamakura/

　　走完了整條御成通，再走約300公尺左右，一棟復古的建築位在交叉路口之間。殘破的招牌寫著「由比ガ浜出張所」，現在它的新名字卻是「THE BANK」。由鎌倉銀行分行舊建築改造而成，小小的酒吧只有十數個座位，昏暗的燈光，播著悠然樂曲，瀰漫一股成熟大人氛圍。

　　沒有飲料菜單，想喝什麼就直接提出，或是說出想喝的口味請調酒師推薦，搭配果仁、巧克力等簡單下酒菜。由於不會標示價格，若是擔心費用請事先向店員查詢再下單。

❀Kokuriko 御成通店

> ⌂ 地址：神奈川縣鎌倉市御成町10-6
> 🚶 如何抵達：JR「鎌倉」站西口步行約2分
> 🕐 營業時間：10:30～18:00 定休日：星期一

　　拿下日本食評網站Tabelog百名店的可麗餅專門店，在小町通店外時常大排長龍，其實可以來御成通品嚐。不只排隊的人較少，還有大量座位可以內用。於2023年重新裝修後增加了座位，就能在充滿古民家風格的店內享用可麗餅。所有的可麗餅都是現點現做，50多款口味中最具人氣的卻是簡單的奶油砂糖口味，薄薄的餅皮吸收了奶油，與粗粒砂糖相得益彰。如果怕單調可以選檸檬砂糖，酸甜滋味同樣受歡迎。

↑
可以看到店員製作可麗餅的過程。
→
左：奶油砂糖口味享受薄脆的餅皮。
右：店內設有座位讓客人自由使用。

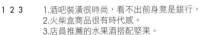

1 2 3　1.酒吧裝潢很時尚，看不出前身竟是銀行。
2.火柴盒商品很有時代感。
3.店員推薦的水果酒搭配堅果。

年滿20歲才能飲酒

BEER

鎌倉武士守護神坐鎮《鶴岡八幡宮》

　地址：神奈川縣鎌倉市雪ノ下2-1-31
　如何抵達：JR「鎌倉」站東口步行約10分
　營業時間：6:00～20:00　定休日：無
　網址：https://www.hachimangu.or.jp/ch/

　　在鎌倉車站周邊繁華的街道上，一座巨大的石鳥居佇立在馬路中央，展開約1.8公尺的參道「若宮大路」，春季櫻花滿開形成粉紅隧道，引導參拜者前往鶴岡八幡宮。能有如此派頭，皆因幕府將軍源賴朝在進入鎌倉時特意擴建，作為建設鎌倉城市的第一步。

　　鶴岡八幡宮供奉八幡神，被視為源氏的守護神，也被眾人信奉為「武運之神」。境內十分寬闊，本宮位在長長的石樓梯之上，併設丸山稻荷神社、旗上弁財天社等多座神社。氣派的紅橋、清雅的蓮花池也是許多和服少女們的拍攝景點，穿著木屐走動不便的話，只來這裡也可拍個夠。

1

2

3

1.八幡宮的本殿。
2.春季境內會開滿櫻花。
3.表參道有櫻花隧道。
4.去除厄運的紙條。

4

洗錢祈求財運亨通？《錢洗弁財天宇賀福神社》

> ⌂ 地址：鎌倉市佐助2-25-16
> Ⓚ 如何抵達：JR「鎌倉」站西口步行約20分
> ⏱ 營業時間：8:00～16:30 定休日：無

平常聽到「洗錢」都會想到非法勾當，這家神社卻真的用水洗錢幣！錢洗弁財天宇賀福神社與鎌倉車站有一段距離，位在山坡上，沒有巴士能直接前往，需要花不少腳力，卻阻止不了信眾前來求財，神社內總是香火鼎盛。

神社的洗錢習俗來自一個傳說，在平安時代末期源賴朝將軍為了困苦的人民而日夜祈禱神佛，一天夢到宇賀福神指引他到山谷間尋找清泉，還真的讓他找到，於是每天以清泉水供奉神佛，自此天下太平。後來鎌倉幕府第5代執權的北條時賴也信仰宇賀福神，開始每天以泉水洗錢，人們也跟著仿效，一直流傳到現在。

↑
上：神社的入口位在山洞充滿神祕感。
下：山洞外是一排木鳥居。

must know

一起來洗錢，財源滾滾！

STEP-01
用200日幣購買香、蠟燭，並領取竹篩子。

STEP-02
點燃蠟燭、燒香後在神社前拜拜，即可進入奧宮。

STEP-03
把錢幣放到竹篩子裡，將泉水倒在錢上輕輕清洗。

STEP-04
洗淨後把錢擦乾，請使用在有意義的事情上。

@ 初夏的浪漫・鎌倉兩大繡球花景點

鎌倉以繡球花聞名，走在路上不時都能看到美麗的花卉爭相盛放，尤以明月院及長谷寺境內的花園最為壯觀，每年都吸引大量遊客來訪，前往時也要做好面對人山人海的心理準備。

↑
在長谷可以拍攝繡球花與江之電的合影。

↑
上：長谷寺的外觀。
下：鎌倉許多寺廟境內都可看到繡球花。

長谷車站交通小提醒

從鎌倉車站乘搭江之島電鐵，3站便來到長谷車站。從車站可以步行至長谷寺、鎌倉大佛等不同景點，沿路有各式各樣的餐廳和商店，不妨花點時間慢慢逛。在繡球花季節，電車軌道兩旁開滿艷麗的花朵，很多人特地前來長谷拍攝電車與繡球花的合影。

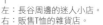

↑
左：長谷周邊的迷人小店。
右：販售T恤的雜貨店。

路上看到往江之電方向的標示。

穿梭繡球花圍之間《明月院》

> ⌂ 地址：神奈川県鎌倉市山ノ内189
> 🚶 如何抵達：JR「北鎌倉」站東口步行約10分
> ⏱ 營業時間：9:00～16:00 (繡球花季或會延長時間) 定休日：無

　　位於北鎌倉的明月院，有著「繡球花寺」的別稱。境內種了數千株繡球花，以藍色的品種為主，形式一片夢幻的藍花海，又稱為「明月院藍」。明月院境內有多條小徑，遊客可隨意穿梭在繡球花的園圍之間。雖然花季時有大量遊客到訪，但偶爾還是能遇上無人的奇蹟瞬間，如果想要和繡球花合影，比起長谷寺會更推薦這邊。

　　除此以外，山門前的階段、抱花地藏、本堂的圓窗都是拍照熱點，不過想拍照也要排隊一輪。

↑
抱著繡球花的地藏顯得有點可愛。
→本堂的圓窗是最人氣的拍照點，總是在排隊。
↓階梯兩旁繡球花爭相盛放。

繽紛絢爛繡球花山坡《長谷寺》

🏠 地址：神奈川県鎌倉市長谷 3-11-2
🚶 如何抵達：江之島電鐵「長谷」站步行約5分
🕐 營業時間：8:00～16:30，4月～6月8:00～17:00　定休日：無
🌐 網址：https://www.hasedera.jp/

　　長谷寺又稱為「花之寺」，境內種植各式各樣的花卉，但以繡球花最熱門。近年花季，寺院把繡球花路額外劃分收費，更設網上預約門票疏導人流，只因這條繡球花路那一面山坡種了約2,500株，相當壯觀。粉紅、粉藍、粉紫等各種顏色的繡球花爭妍競豔，色彩繽紛。不過，由於山路狹窄，花季期間通常會擠得水洩不通，只能隨著隊伍緩緩前進，比較難拍到無人的光景。

　　長谷寺位在山上，走上樓梯來到本殿，旁邊的觀景台可俯瞰長谷城市景色，在繡球花路也有機會拍到花卉與鎌倉街景的合影。

1 3
2

1.據說為地藏澆水可以帶來好運。
2.繡球花路擠滿了遊客。
3.境內還有可愛的花手水。
4.因為早年疫情的影響地藏也戴上口罩。

4

長谷經典景點《鎌倉大佛殿高德院》

🏠 地址：神奈川縣鎌倉市長谷4丁目2番28号
🚶 如何抵達：江之島電鐵「長谷」站步行約10分
🕐 營業時間：4月～9月8:00～17:30，10月～3月8:00～17:00　定休日：無
🌐 網址：https://www.kotoku-in.jp/

　　鎌倉大佛可以説是長谷，甚至整個鎌倉的象徵之一，在路上不乏看見各種以大佛為造型的點心及雜貨商品。大佛像有770多年歷史，高13.35公尺，以青銅製作，重約121噸，為日本第二大的佛像。實際看到時可能會覺得比想像中要小一點，但想到數百年前古人的智慧與技術，竟能製作如此巨型而細膩的佛像還是讓人佩服。

　　境內以大佛為主，信眾可以在佛像前燒香祈願。額外支付100日幣可進入佛像內部參觀，會被鑄造技術與莊嚴的氣氛所懾服。

↑
巨大的佛像莊嚴而神聖。

↑
寄寓大佛能四處行走行福而供奉的大草鞋。
→
境內販售不同樣式的御守。

@ 長谷周邊美食攻略

擁有長谷寺及鎌倉大佛殿高德院的兩個熱門景點的長谷地區，街上的熱鬧程度與鎌倉車站周邊不相伯仲，商店與餐廳林立，更有不少特色的餐廳值得老饕一訪。

百年酒造的餐廳品牌
《MOKICHI KAMAKURA》

> ⌂ 地址：神奈川縣鎌倉市長谷4-6-12
> 🚶 如何抵達：江之島電鐵「長谷」站步行約15分
> 🕐 營業時間：11:30～16:00，17:30～21:00 定休日：星期二
> 🌐 網址：https://kumazawa.jp/mokichi/kamakura/

開業超過150年，擁有湘南地區唯一酒藏的老舖「熊澤酒造」所營運的餐廳系列，鎌倉店選址在舊神奈川縣鎌倉加壓泵送所這棟歷史建築，紅磚的外觀、挑高的空間，營造出復古而優雅的氛圍。餐廳供應的是義式料理，配合酒藏發酵食材及自家栽種香草烹調，帶來新派口味。可搭配他們的啤酒或日本酒一同享用。

↑
使用湘南地區知名魩仔魚烹煮義大利麵。
←
左：餐廳環境時尚而帶點復古。
右：以石窯烤製的披薩。

吸收食材鮮味的土鍋飯
《Kaedena.》

> ⌂ 地址：神奈川縣鎌倉市長谷3-8-13 2F
> 🚶 如何抵達：江之島電鐵「長谷」站步行約5分
> 🕐 營業時間：11:00～23:00 定休日：不定休
> 🌐 網址：https://www.instagram.com/kaedena3770/

總是大排長龍的土鍋飯專門店，店員都會提前點餐和準備，翻桌率很高，午餐時段大概等15分鐘便可入座。午餐套餐為一鍋飯配三碟小菜及味噌湯。蟹肉酪梨、西京漬海膽，口味特別又好入口。將農家直送的丹波篠山產越光米與昆布高湯，及各種食材一起放進土鍋中烹煮，米飯粒粒分明，且吸收高湯與食材的鮮味，無須添加醬汁便讓人一口接一口，不一會兒整鍋飯就會吃得精光！

別具一格的起司蛋糕
《THE CIRCUS KAMAKURA》

> 🏠 地址：神奈川縣鎌倉市坂ノ下9-17 星ノ夜月ノ下A
> 🚶 如何抵達：江之島電鐵「長谷」站步行約1分
> 🕐 營業時間：11:00～18:00 定休日：無
> 🌐 網址：https://www.the-circus1026.com/

　　位在電車軌旁的小小咖啡廳，主打起司蛋糕與義式卡士達甜筒，兩款招牌起司蛋糕選用「卡芒貝爾」、「戈貢佐拉」常用在料理的起司來製作。卡芒貝爾起司蛋糕軟滑帶點奶香，與派餅搭配，享受不同口感層次。而傳統義式甜點Aragosta以酥脆牛角甜筒填入香甜卡士達醬，也會帶來意外驚喜。

↑
卡芒貝爾起司蛋糕與義式卡士達甜筒。
→
店門會看到江之電經過。

↑
左：餐廳一樓的入口。
右：從店外窺看餐廳內部。
→土鍋飯的午餐套餐很豐富。

遠離人群的清靜景點・金澤街道周邊

對於已經到訪過鎌倉的著名景點，又或是想靜靜地逛寺廟、庭園的話，那就從鎌倉車站搭乘巴士去探索金澤街道吧！金澤街道在鎌倉時代為「鹽之道」，曲折的古道周邊有許多寺廟與民房，沒有半點商業氣息，可以體驗鎌倉寧靜的一面。

↑
左：幽靜的小道與民房。　右：街道上以當地居民光顧的商店及餐廳為主。

寺廟中的秘密花園《石釜 Garden Terrace》

⌂ 地址：鎌倉市淨明寺3-8-50
Ⓐ 如何抵達：JR「鎌倉」站4號巴士站乘搭往「鎌倉靈園正面前太刀洗・金沢八景」的巴士，在「淨明寺」站下車，步行約5分
🕙 營業時間：10:00～17:00　定休日：星期一
🌐 網址：https://www.ishigama.info/index.html

日本寺廟通常給人傳統、和風的感覺，而在被指定為日本史跡的淨妙寺內卻有一間洋風建築物。在明治維新年代，西洋文化傳入日本，鎌倉一帶興建了很多洋館別墅，而這所流傳下來的建築在2000年改建成咖啡廳，並由英國出身的庭園設計師打理花園。

可在被花草環繞的戶外座位用餐，享用以石窯爐烘烤的麵包與洋食料理，或是豐富的三層架下午茶，吃完還能在庭園散散步，沒想到在寺廟中也可如此優雅！

↑
上：被綠意圍繞的餐廳。
下：洋食料理很有水準。

在竹林間品嚐抹茶《報國寺》

⌂ 地址：鎌倉市浄明寺2丁目7番4号
🚶 如何抵達：JR「鎌倉」站4號巴士站乘搭往「鎌倉靈園正面前 太刀洗・金沢八景」的巴士，在「浄明寺」站下車，步行約3分
🕐 營業時間：9:00～16:00 定休日：不定休
🌐 網址：https://houkokuji.or.jp

報國寺有「竹寺」的別稱，因為境內有一片小竹林，種植約2,000株孟宗竹。到本堂參拜後，可購買門票進入竹林參觀，推薦加購抹茶券才能在咖啡廳品茶。

穿梭在高聳的竹子之間，清雅的氛圍宛若身處在古裝劇的錯覺，如果穿上和服定能拍些不錯的照片。庭園不算很大，很快便可逛完。出口附近有一家咖啡廳「休耕庵」，可用抹茶券換一份抹茶與和菓子落雁。一排座位面向著竹林，在自然景致與潺潺流水聲的環繞下，即使平常手機癮再重也會把它放到一邊，眺望著那片綠油油的竹子，喝著甘苦的抹茶，享受這一刻的靜謐。

1.購買門票時可以加購抹茶券。
2.抹茶券可換一杯抹茶及一小片和菓子。
3.一列座位面對著竹林。
4.境內的枯山水庭園。

3

4

四季不同花水手《一條惠觀山莊》

🏠 地址：神奈川県 鎌倉市浄明寺5-1-10
🚶 如何抵達：JR「鎌倉」站4號巴士站乘搭往「鎌倉靈園正面前太刀洗・金沢八景」的巴士，在「浄明寺」站下車，步行約2分
🕐 營業時間：10:00～16:00　定休日：不定休
🌐 網址：https://ekan-sanso.jp/

↑
可以坐在庭園拍美照。

花水手是指在神社及寺廟供信者洗手漱口的「手水舍」，加以鮮花裝飾，因為色彩華麗好看，成為吸引旅客來拍照的賣點，一定要來看一條惠觀山莊精心擺設的花水手。這座莊園原址位在京都，曾是日本皇族的別墅，在昭和年代搬遷至鎌倉並被指定為國家重要文化財，現在開放給遊客參觀。

茅草屋頂的建築物，從材質到設計都富有歷史文化價值，庭園各處擺放了花卉及花水手，隨四季變換，繡球花、牡丹花、紅葉等，讓每次到訪都能獲到驚喜。園內的咖啡廳「楊梅」，可遠望庭園享用飲品與和菓子點心，也有季節限定款式，教人春夏秋冬都想來一趟。

↑
秋季在咖啡廳可看著紅葉享用甜點。

↑
花水手會隨著季節而變化。

當天來回

Route.
かながわ
3

Kanagawa-ken
Enoshima

神奈川縣

《江之島》
戀愛日劇經典舞台

一望無際的海灘、沙沙的浪濤聲、熾熱的陽光與陣陣海風，江之島總是洋溢著度假的悠閒氣氛，讓人不自覺地放鬆下來。這也是為什麼許多戀愛日劇都選用此地做為故事舞台，從《有喜歡的人》、《閃爍的二次愛戀》到近年的《真夏的灰姑娘》，還有各種電影約會場景。和喜歡的人一起逛水族館，再走過長長的階梯參拜神社，然後在沙灘漫步，浪漫愛情就是如此開始。

江之島似乎有種獨特魅力，海島風情讓人會忘卻都市的煩擾並敞開心房，與身邊的人變得靠近。即使不是與戀人前往，一個人或是與家人朋友在江之島觀光，同樣可留下美好回憶。

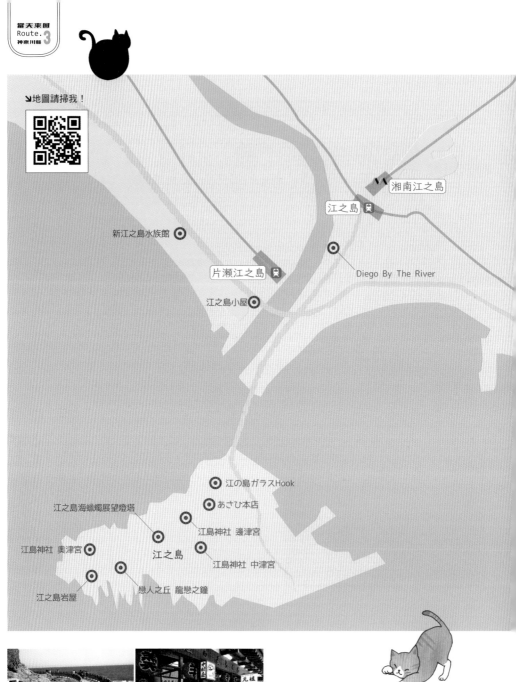

↘地圖請掃我！

湘南江之島

江之島

新江之島水族館 ◉

片瀨江之島 🚉

Diego By The River

江之島小屋 ◉

江の島ガラスHook

あさひ本店

江之島海蠟燭展望燈塔

江島神社 邊津宮

江島神社 奧津宮

江之島

江島神社 中津宮

江之島岩屋

戀人之丘 龍戀之鐘

江之島與鎌倉行程規劃小建議！

江之島與鎌倉位置鄰近，利用江之島電鐵（江之電）約28分鐘便可抵達，許多人都會把兩地放在同一天的觀光行程。然而，兩個地方可玩的地方太多，再加上江之島每個景點之間都有段距離，商店多在下午5點左右打烊，若想一天走完兩個地方，腳程必須加快且走馬看花。建議分成兩天慢慢體驗兩地風情，不想來回東京多次也可選在鎌倉的飯店留宿。

另外，從江之島車站前往江島神社需走過約389公尺的天橋，通往神社有多級台階，雖然有收費的自動扶手梯往上走，但往下仍需要步行。如果與行動不便的長者、或是帶著嬰兒推車前往可要注意！

→
上：江之電的江之島車站。
下：從高處俯瞰江之島的風景。

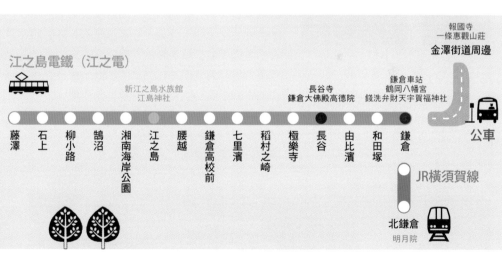

報國寺
一條惠觀山莊
金澤街道周邊

江之島電鐵（江之電）

新江之島水族館
江島神社

長谷寺
鎌倉大佛殿高德院

鎌倉車站
鶴岡八幡宮
錢洗弁財天宇賀福神社

藤澤　石上　柳小路　鵠沼　湘南海岸公園　江之島　腰越　鎌倉高校前　七里濱　稻村之崎　極樂寺　長谷　由比濱　和田塚　鎌倉

公車

JR橫須賀線

北鎌倉
明月院

One Day Trip ▫ 江之島一日推薦行程

11:00 江之島小屋吃午餐 → 步行 4 分鐘 → 12:00 參觀新江之島水族館 → 步行 10 分鐘 → 14:00 Diego By The River 咖啡廳吃下午茶 → 步行 15 分鐘 → 15:00 弁財天仲見世通買伴手禮 → 江之島神社拜拜 → 步行 15 分鐘 → 16:00 江之島岩屋 → 步行 13 分鐘 → 17:00 江之島海蠟燭展望燈塔看黃昏及夜景

男女老幼都適合的闔家歡景點《新江之島水族館》

🏠 地址：神奈川県藤沢市片瀬海岸2丁目19番1号
🚶 如何抵達：小田急江之島線「片瀬江之島」站步行約3分／江之島電鐵「江之島」站步行約10分／湘南單軌電車「湘南江之島」站步行約10分
🕐 營業時間：9:00～17:00（遇假日等特殊節日會延長營業時間）　定休日：不定休
🌐 網址：https://www.enosui.com/

富含教育意義的水族館設施，活用江之島與富士山及相模灣的地理優勢，有許多介紹當地海灣及海洋生態的展示，可以學習到豐富生物知識，是父母親最愛帶孩子前往的景點。館內有多個展區，包括飼養了8,000條沙丁魚的相模灣大水槽、搭配燈光呈現夢幻氛圍的水母展示區等，單純想要看看海洋生物療癒身心也很適合。最後還有伴手禮商店及主題咖啡廳，逛完整個水族館可要花上1~2小時。

水族館設有戶外的海豚表演劇場，每天進行數次10~15分鐘的演出，訓練員會介紹海豚的特性並指導做出跳躍、呼叫等動作，海豚的聰敏讓觀眾鼓掌聲不斷。不想錯過表演的話，建議入場時先查閱當日的表演時間。由於從入口前往劇場有一段距離，而且位置有限，最好提早15分鐘以上前往佔位置。同時請注意前排位置會被海豚跳躍時濺出的水花潑到，不想弄濕衣物建議選後排了！

1
2 3
4 5
1.遊客都在水槽前觀賞海洋生物。
2.水槽旁都有詳細介紹。
3.在商店可購買到設計精美的主題商品。
4.水母展示區特別受歡迎。
5.每場海豚表演都坐滿觀眾。

獲獎無數的員工餐海鮮丼《江之島小屋》

⌂ 地址：神奈川県藤沢市片瀬海岸2-20-12
🚶 如何抵達：小田急江之島線「片瀬江之島」站步行約2分 / 江之島電鐵「江之島」站步行約11分 / 湘南單軌電車「湘南江之島」站步行約11分
🕐 營業時間：8:00～20:00 定休日：不定休
🌐 網址：http://enoshima-koya.com/

　　正所謂靠山吃山，靠海吃海，「江之島小屋」取用片瀬漁港的新鮮漁獲，製成招牌菜「まかない丼」（直譯是員工餐丼飯）。原本是員工餐點，卻連續10年在全國丼飯大賽中獲獎，現已成為餐廳的熱賣美食。以多種生魚片以刀反覆拍打成泥狀，附上鮭魚子、青瓜、青蔥與海苔，有手卷、丼飯、茶泡飯多種用餐趣味。

→
左：餐廳內有不少座位。
右：夏季限定版的冷泡飯海鮮丼。

眺望河景的時尚咖啡廳《Diego By The River》

⌂ 地址：神奈川県藤沢市片瀬海岸1-13-8
🚶 如何抵達：小田急江之島線「片瀬江之島」站步行約5分 / 江之島電鐵「江之島」站步行約4分 / 湘南單軌電車「湘南江之島」站步行約5分
🕐 營業時間：平日11:00～翌日2:30、週末及假日10:00～翌日2:30 定休日：星期四，每月第二個星期三
🌐 網址：https://www.bytheriver.jp/

　　想要逃離喧囂的街道，那麼可以前往隱身在人煙稀少的河畔的Diego By The River。兩層樓高的房子採用鐵屋工業風格，旁邊擺滿了衝浪板，完美符合海島形象。提供漢堡、義大利麵等美式輕食、甜點與飲料，坐在靠窗邊的位置看著河景超級寫意，感受著陽光與涼風更加Chill。

↑
咖啡廳2樓的戶外座位。
←
左：看著河景吃漢堡。
右：自家製芒果蛋糕有著冰淇淋口感。

@ 弁財天仲見世通人氣之選

　　從車站前往江島神社需要走過弁天橋橫跨海域，在浪濤聲的陪伴下走約10分鐘，映入眼簾的首先是青銅色鳥居，緊接著參道「弁財天仲見世通」。約200公尺的商店街兩旁都是店舖與餐廳，狹窄的街道總是熙來攘往擠滿旅客，其中這兩家更是特別受歡迎！

日本女生之間爆紅紀念品《 江の島ガラス Hook 》

　🏠 地址：神奈川縣藤沢市江の島1-4-13
　🚶 如何抵達：小田急江之島線「片瀬江之島」站步行約10分/江之島電鐵「江之島」站步行約15分/湘南單軌電車「湘南江之島」站步行約15分
　🕐 營業時間：11:00～17:00　定休日：星期四、星期五
　🌐 網址：https://www.instagram.com/hook_enoshima/

　　Hook是一家開業超過29年的玻璃飾品小店，沒想到這幾年卻因為一款扭蛋而在網路上爆紅。店門前放置了扭蛋機，可扭出原創的玻璃戒指，一個只要200~300日

江之島打卡名物《あさひ本店》

> 🏠 地址：神奈川県藤沢市江の島1-4-8
> 🚶 如何抵達：小田急江之島線「片瀬江之島」站步行約10分 / 江之島電鐵「江之島」站步行約15分 / 湘南單軌電車「湘南江之島」站步行約15分
> 🕐 營業時間：9:00～18:00 定休日：星期四
> 🌐 網址：https://www.murasaki-imo.com/

江之島的代表小吃海鮮仙貝，特色是現點現做，把新鮮的章魚、蝦子等海鮮以機器壓成薄薄的仙貝，可以看到壓扁的形狀。仙貝可選章魚、蝦子或藍色鰯仔魚口味，網路上最推薦藍色鰯仔魚，使用天然色素製作的藍色麵糊與彩色鰯仔魚，七彩繽紛特別吸睛。

剛製作好的仙貝熱得燙手，比臉還要大，拿著合照能達到小臉效果也是日本女生的小心機。雖然尺寸巨大，但口感薄脆加上淡淡的鮮味，三兩口很快就吃完。作為「到此一遊」的象徵，吃過才有來了江之島的實感。

1.首先在機器購買票券。
2.每片海鮮仙貝都是現點現製。
3.藍色的仙貝賣相特別。

幣。晶瑩透明感的戒指成為最佳拍照道具，吸引女生旅客前來購買，更曾一度因為超高人氣而售罄。來到江之島務必入手這款網美小物，可戴著它到海邊拍下可愛照片。

→
左：綠色的扭蛋機。
右：黃色的玻璃戒指。

日本三大弁財天之一《江島神社》

⌂ 地址：神奈川県藤沢市江の島2丁目3番8号
Ⓐ 如何抵達：小田急江之島線「片瀬江之島」站步行約15分 / 江之島電鐵「江之島」站步行約20分 / 湘南單軌電車「湘南江之島」站步行約23分
🌐 網址：http://enoshimajinja.or.jp/

↑
左：利用自動手扶梯上山。
右：手扶梯的門票。

↑
境內的弁財天像。

↑
錢洗白龍王祈求財運。
←
龍神御守的設計很酷。

←
樓梯旁的燈籠裝飾。

　　逛完弁財天仲見世通來到巨大的紅鳥居前，便要開始江島神社的參拜旅程。神社境內以三座主要社殿邊津宮、中津宮及奧津宮組成，供奉著三姐妹女神。每個社殿之間需要攀登一段樓梯，需花費不少腳力。如果不想辛苦走樓梯，可以選擇付費的自動手扶梯，分成三段收費，各自設有閘口及購票機，爬到中途想改搭手扶梯也沒問題。

　　從中津宮至奧津宮一帶也有不少商店及餐廳，走得累了可以稍作休息。在高處俯瞰可看到更壯麗的風景，雖然要走比較遠但也是值得！

邊津宮

邊津宮在1206年由當時的將軍源實朝為祈求鎌倉幕府的繁榮而興建，位於江之島（神域內）最低的地方，也被稱為「下之宮」。邊津宮供奉的是航海女神田寸津比賣命，據說能保佑航海和旅途的安全。

江之島還有龍神信仰，因此在境內也可看到各種龍圖案的御守、御神籤等吉祥物。在邊津宮社殿旁也有名為「錢洗白龍王」的池塘，信眾可在這裡清洗錢幣提升財運。龍神像的腳下有一個錢箱，可以挑戰能否把香油錢投入去。

→
邊津宮的社殿。

中津宮

中津宮供奉著市寸島比賣命，傳說是位極其美麗的女神，吸引許多女生特地前來祈求變漂亮。她同時作為音樂與藝術之神，保佑藝能與金運，有助於提升創造力和藝術天賦。社殿旁還設有水琴窟庭園，把水澆到水門石上可聽到清脆的音色，非常有趣。

←
左：中津宮的社殿。
右：在水琴窟庭園澆水時會聽到聲音。

奧津宮

搭乘完三段手扶梯後還要往上走一段路才會抵達奧津宮，本殿原本位於岩屋，後來因為海水的湧入而遷移至現址。社殿曾在1841年被燒毀，重建後保留至今。這裡供奉著三姊妹中的長女多紀理比賣命，是守護海洋安寧的神明。

　　奧津宮旁邊的龍宮正是供奉龍宮大神，保佑安產和求子，著名武將北條時政也曾特地來這祈求子孫繁榮。

→
左：奧津宮的社殿。
右：龍宮上有充滿氣勢的龍像。

保佑永恆之戀《戀人之丘龍戀之鐘》

> 🏠 地址：藤沢市江の島2丁目5
> 🚶 如何抵達：小田急江之島線「片瀬江之島」站步行約15分 / 江之島電鐵「江之島」站步行約20分 /
> 湘南單軌電車「湘南江之島」站步行約23分

↑
滿滿愛情鎖承載了每對戀人的願望。
↓
左：隱藏在樹林間的龍戀之鐘。
右：鐘樓周邊的圍欄都掛滿鎖。

江之島作為戀愛聖地，當然少不了一些戀愛故事，而「戀人之丘龍戀之鐘」就是根據「天女與五頭龍」所打造。相傳在鎌倉深澤湖中住了一條可怕的五頭龍，牠摧毀山脈、引發洪水和颱風，讓當地人民苦不堪言。某日，天女翩翩降臨，五頭龍對天女一見鍾情並向她求婚，為了得到天女應允，五頭龍承諾會改變，做善事幫助人們。最後天女成為龍的妻子，人們也過上平靜的生活。

龍戀之鐘希望借助這個傳說讓戀人們得到幸福，只要情侶一起敲鐘，並上許願的鎖，就會擁有永恆的愛情。雖然不知道成功的戀情有多少，不過純愛電影《向陽處的她》男主角浩介（松本潤飾）就在這裡向女主角真緒（上野樹里飾）求婚，也為這個景點增加了不少浪漫色彩！

夏季限定夜間點燈活動《江之島燈籠》

> ⌂ 地址：地址：神奈川県藤沢市江の島2丁目3番8号
> ⊛ 如何抵達：小田急江之島線「片瀬江之島」站步行約15分 / 江之島電鐵「江之島」站步行約20分 /
> 湘南單軌電車「湘南江之島」站步行約23分
> ⏱ 活動時間：18:00～20:30 定休日：雨天、天氣惡劣情況下中止
> ⊕ 網址：https://enoshima-seacandle.com/event/enoshimatourou/

→
左：草地上擺設了
多個燈籠。
右：庭園也還有特
別設計的裝飾。

　　江島神社雖然沒有營業時間，但周邊餐廳及商店通常在下午5點~6點就打烊，除了海蠟燭展望燈塔，入夜後街道變得幽暗似乎不是觀光的好時間。然而，在夏季卻是愈夜愈精彩，每年7月中旬至8月底舉行的「江之島燈籠」活動，在江島神社境內與「江之島塞繆爾・科金花園」擺放了約1,000盞燈籠，傳統日式燈籠上帶著剪紙圖案，柔和的燈光營造浪漫氣氛。在邊津宮及模仿龍宮城的樓門「瑞心門」更有和風圖案投影，各種圖案變換，增添夢幻感覺。

↑
燈籠有剪紙圖案裝飾。
←
神社入口也有夢幻投影。

069

飽覽黃昏日落美景《江之島海蠟燭展望燈塔》

⌂ 地址：神奈川県藤沢市江の島 2-3-28江の島サムエル・コッキング苑
🚉 如何抵達：小田急江之島線「片瀬江之島」站步行約20分 / 江之島電鐵「江之島」站步行約25分 /
湘南單軌電車「湘南江之島」站步行約26分
🕐 營業時間：9:00～20:00　定休日：無
🌐 網址：https://enoshima-seacandle.com/

↑
從玻璃窗眺望海景。

↑
晚上燈塔亮燈後更有氣氛。

↑
在露天咖啡廳一邊吃東西一邊
等待日落。
→
江之島周邊的景色。

　　海蠟燭展望燈塔位在「江之島塞繆爾‧科金花園」設施內，這個和洋合璧的花園中設有餐廳及咖啡廳，在沒有舉辦活動期間免費開放，非常適合成為旅程的中繼站，在綠意盎然的園內坐下來吃點東西補充元氣。

　　海蠟燭展望燈塔是收費設施，可以搭乘升降機前往高約41公尺的觀景台，欣賞湘南海景。在天氣好的日子還有機會看到富士山、東京鐵塔等名勝。特別推薦在黃昏時分到訪，太陽漸漸落下，一片紅霞渲染，波光粼粼的大海，構成唯美的夕陽景色。

　　在週末或活動期間，燈塔一樓則會開放THE SUNSET TERRACE露天咖啡廳區域，提供飲料與小吃，喝著雞尾酒欣賞日落就是舒心快意。

洞穴探索大自然奧秘《江之島岩屋》

⌂ 地址：神奈川県藤沢市江の島2
🚶 如何抵達：小田急江之島線「片瀨江之島」站步行約29分 / 江之島電
鐵「江之島」站步行約33分 / 湘南單軌電車「湘南江之島」站步行約34分
🕐 營業時間：9:00～17:00 定休日：不定休
🌐 網址：https://www.facebook.com/enoshimaiwaya

↑拿著蠟燭有種在探險的感覺。

↑洞穴瀰漫著神秘感。

↑點燈後更有氣氛。

來到了江之島步行路線的終點站「江之島岩屋」，這個位於島嶼最深處的海蝕洞窟可說是江之島信仰的發源地。洞窟內有兩個主要岩屋，首先進入長達152公尺的第一岩屋。在入口處會發蠟燭，微弱的燭光照亮昏暗的洞穴，在潮濕的空氣與涼爽的溫度圍繞下，明知是安全卻有種在探險的雀躍感。第一岩屋的通道旁擺放了多尊石像，分岔口一邊的盡頭處據說是通向富士山的冰穴，另一邊則是江島神社發源的地方，聖神而莊嚴。

在56公尺長的第二岩屋據說是龍神傳說的發源地，擺放了燈籠裝飾與龍像，在龍像前大力拍手還會有意外驚喜喔！

↑路邊放了燈籠作為照明。

071

當天來回
Route.
かながわ
4

Kanagawa-ken
Misaki-kō

神奈川縣

《三崎港》

沿著京急線尋找美味鮪魚

在日本，鮪魚可以説是國民美食。由於地理環境優勢，再加上江戶時代的捕魚技術提升，關東地區一帶鮪魚漁獲豐收，家家戶戶都有魚吃，因而成為今日的人氣食材。位在神奈川縣三浦半島最南端的三崎港，鮪魚的卸貨量最高，來到這個小鎮既可享受悠閒的漁港風光，還能大飽口福，品嚐新鮮鮪魚。

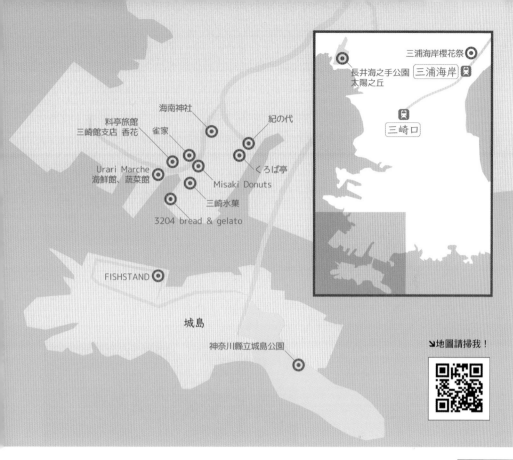

三浦海岸櫻花祭
長井海之手公園　三浦海岸
太陽之丘

三崎口

海南神社
料亭旅館
三崎館支店　香花　雀家
Urari Marche
海鮮館、蔬菜館
紀の代
くろば亭
Misaki Donuts
三崎氷菓
3204 bread & gelato

FISHSTAND

城島

神奈川縣立城島公園

↘地圖請掃我！

《 吃喝玩樂一票通 》Misaki Maguro Day Trip Ticket

　　京濱急行電鐵的京急線及同集團的京濱急行巴士為前往三崎港的唯一大眾運輸方式，旅客可從東京出發搭乘電車到三崎口站（請參考P.012的交通路線圖），再換乘「三8」、「三9」、「三26」等巴士到三崎港或城島等周邊景點。京濱急行電鐵還推出優惠的交通套票「Misaki Maguro Day Trip Ticket」，玩得盡興又能省荷包。

　　建議旅客可在京濱急行電鐵車站的自動售票機或線上購買電子票券，套票含有3張票券：
①京急線來回車票：可自由選擇京急線的起點，如品川、橫濱等車站（價格不一），一天內可隨意中途下車，還能任乘京濱急行巴士，可靈活調動行程。
②鮪魚滿腹餐券：在30多家合作餐廳中，可憑票券換取一份指定鮪魚料理餐點。
③三浦・三崎款待券：在指定設施可憑票券換取一份特產商品或娛樂體驗。

☞Misaki Maguro Day Trip Ticket
更多詳細資訊請掃我

↑
上：交通套票有三張票。
下：京急線的電車。

三崎港鮪魚餐廳精選

　　來到三崎港不可不嚐鮪魚，在這個小小漁港的周邊有數十家餐廳提供鮪魚與各種海鮮料理，比便利商店還要多。從壽司到生魚片丼、烤魚、煮魚、炸魚塊，吃在地最為新鮮，也可嚐到一些與眾不同的鮪魚料理。

❀ 三崎館支店 香花

> ⌂ 地址：神奈川縣三浦市三崎5-2-7
> Ⓐ 如何抵達：「三崎港」巴士站步行約2分
> ⏱ 營業時間：平日11:00～18:00、週末及假日10:00～23:00　定休日：無
> 🌐 網址：http://www.misakikanshiten.com/

　　併設旅館的當地老店，餐廳區域寬敞，座位數量多。選用在地優質的鮪魚及海鮮，豐富多樣的海鮮丼與小菜，甚至還有高級的懷石料理套餐。憑車票可換領特製海鮮丼，擺滿短鮪魚的赤身肉、長鰭鮪肉、青蔥鮪魚泥，還有海膽與鮭魚子點綴，猶如海鮮的寶石盒教人食指大動。

→
左：店內設有鋪榻榻米的座位。
右：特製海鮮丼有超多鮪魚生魚片。

❀ 紀の代

> ⌂ 地址：神奈川縣三浦市三崎1-9-12
> Ⓐ 如何抵達：「三崎港」巴士站步行約6分
> ⏱ 營業時間：平日11:00～15:00、17:00～19:00
> 週末及假日11:00～19:00　定休日：星期二

　　創業160年的壽司店老舖，專門提供以鮪魚為主的壽司、天婦羅及定食等。招牌料理「とろとろ丼」由第5代店主所創，結合處理鮪魚4種不同部位：濃郁醬汁醃漬赤身肉、佈滿油花的長鰭鮪、青蔥鮪魚泥，以及生拌臉頰肉。一碗丼飯就能享受各種口感、醬汁與鮮味的協調，就像料理名稱「とろとろ」的意思一樣，鮪魚軟滑，油香在口中化開，讓人回味無窮。

↑
左：可一次品嚐不同鮪魚部位的丼飯。
右：迷你丼飯套餐品嚐兩種滋味。

❀ くろば亭

🏠 地址：神奈川縣三浦市三崎1-9-11
🚶 如何抵達：「三崎港」巴士站步行約6分
🕐 營業時間：11:00～20:00 定休日：無
🌐 網址：https://kurobatei.com/

↑
各種烹調方式的鮪魚料理。

在美食主題日劇《忘卻的幸子》及許多綜藝節目都有登場過的「くろば亭」，以種類繁多的鮪魚料理聞名，從一般的生魚片到內臟與稀少部位皆有，菜色超過200種！眼肉、胃袋、心臟等，什麼都可放進口裡嚐嚐，徹底享受鮪魚的滋味。對於不太習慣吃生魚片的人也有烤魚排、炸魚塊、燉煮魚等熟食選擇，定會找到喜歡的一道菜。

❀ FISHSTAND

🏠 地址：神奈川縣三浦市三崎町城ヶ島658-142
🚶 如何抵達：「城ヶ島」巴士站步行約6分
🕐 營業時間：10:00～16:00 定休日：星期一～三、日
🌐 網址：https://www.instagram.com/fishandchips_misaki/

炸魚薯條這道經典英國料理一向都是使用鱈魚等白身魚，若是換成鮪魚又會如何？由鮪魚批發魚店經營的FISHSTAND，時尚的店面座落於城之島碼頭旁，店舖只有零星座位，提供簡單的輕食及飲料。現點現炸的炸魚薯條熱得燙手，魚塊及薯條都很真材實料，奢侈使用鮪魚大腹魚及北海道十勝產馬鈴薯，以鹽調味能嚐到食材的原味，也可自行加上醋或購買沾醬搭配。大塊的炸魚卻不會口感過硬，魚肉柔軟帶油香與鮪魚的鮮味，讓人大啖炸物也不會有過分的罪惡感。

↑
左：時髦的白色系裝潢。　右：販售各種鮪魚製的狗狗食用點心。
→
炸魚塊超有份量。

守護三浦半島的漁業與食物之神《海南神社》

> 🏠 地址：神奈川県三浦市三崎4-12-11
> 🚶 如何抵達：「三崎港」巴士站步行約3分
> 🌐 網址：http://kainan.server-shared.com/

　　鎮守於三崎港的海南神社供奉著藤原資盈，平安時代他從九州來到這一帶，守護海港免受來自房總的海賊騷擾，並傳授當地人漁業技巧，奠定文化基礎，備受人民的尊敬，成為整個三浦半島的守護神。朱紅色的殿內還供奉著菜刀，祈願漁業與飲食業興隆繁盛，保佑這個美食之鄉。

　　神社境內也可見到鮪魚元素，最有趣的是特製鮪魚御神籤，用釣魚玩具釣起神籤測試自己的運氣。精美的御朱印與御守也很受歡迎。

←
左：鮪魚造型的御神籤。
右：保佑生育平安的「子產石」。

購買新鮮漁獲、蔬果食材《Urari Marche 海鮮館、蔬菜館》

> 🏠 地址：神奈川県三浦市三浦市三崎5-3-1
> 🚶 如何抵達：「三崎港」巴士站步行約2分
> 🕐 海鮮館營業時間：星期一至六 9:00～17:00、星期日7:00～17:00
> 　 蔬菜館營業時間：平日10:00～17:00、週末9:00～17:00　定休日：無
> 🌐 網址：https://www.umigyo.co.jp/

　　超大型的物產直銷中心，最新鮮的蔬菜與海鮮都集合在這裡。一樓海鮮館以鮪魚商品為主。二樓蔬菜館主打三浦半島一帶的蔬菜。三浦蔬菜也是頗負盛名，溫暖的氣候適合培養各類蔬果，特別是白蘿蔔，是日本全國有名產地；夏季以西瓜、蜜瓜為主。在蔬菜館可買到一般超市無法看到的巨型水果，價格划算，最重要是農家直送，說不定當天早上才剛摘下來的！

　　市場外就是觀光船的碼頭，透過租借自行車，穿梭在街道，或是出海欣賞海上風光都十分有趣。

←
上：可以購買鮪魚回家享用。　下：三浦的白蘿蔔也很有名。

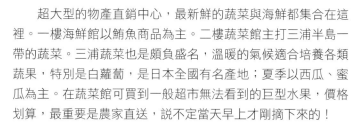

擁抱遼闊大自然《神奈川縣立城島公園》

⌂ 地址：神奈川縣三浦市三崎町城ケ島
🚶 如何抵達：「白秋碑前」巴士站步行約9分
🌐 網址：https://jogashima-park.jp/

　　從三崎港搭乘公車或船，只要約10分鐘便可來到城島這個簡樸的小島。面積約14.6公頃的城島公園覆蓋了大半個島嶼，保留著豐富的自然生態。經過規劃的園區，綠草如茵，在天清氣朗的日子可以帶著食物來野餐，坐在廣闊的草地眺望海景。

1

　　從公園正門穿過樹木叢生的小道會來到岩礁海岸。平日遊客稀少，彷彿在無人島探險，於蟲鳴鳥叫中抱著少許不安前進，最後會看到大自然的鬼斧神工「馬背洞門」。因海水長年累月侵蝕而形成的海蝕洞穴，格外壯觀。走在參差不齊岩石上，聽著海浪拍打的聲音，任何煩悶也會隨海波沖走。

2

3

4

1.公園的看點之一「馬背洞門」。　2.遊客可以走在岩礁海岸上感受大自然。
3.安房埼燈塔底部的綠色以蔬菜為靈感。　4.在公園的瞭望台欣賞海景。

@ 飯後甜點吃這些!三崎港咖啡廳精選

吃過鮮味的鮪魚料理,在懷舊的漁村與自然茂盛的公園散步後,不妨走進可愛咖啡廳,來點甜食,稍作休息度過悠閒時光。

揚名神奈川縣的甜甜圈品牌《Misaki Dount 三崎本店》

> ⌂ 地址:神奈川縣三浦市三崎3-3-4
> ⊛ 如何抵達:「三崎港」巴士站步行約1分
> ⏱ 營業時間:平日11:00~17:00、週末及假日10:00~18:00 定休日:星期三
> 🌐 網址:https://misakidonuts.com/

三崎港的代表美食,排在鮪魚之後就是甜甜圈了!2012年開店的Misaki Dount,原先只是一家小小的甜甜圈專門店,之後拓展到神奈川縣多個地方都有分店,成為當地知名品牌。手工甜甜圈口味多樣,有開心果、檸檬奶油起司等,麵包口感鬆軟,包裹著奶油或是鋪上糖粉與巧克力。色彩繽紛的甜甜圈陳列在櫥窗內,從挑選口味的那一刻就讓人心情變得甜美喜悅。

←
上:甜甜圈店的外觀。
下:色彩繽紛的甜甜圈賣相吸睛。

結合兩大名店之作《3204 bread&gelato》

> ⌂ 地址:神奈川縣三浦市三崎3-12-10
> ⊛ 如何抵達:「三崎港」巴士站步行約4分
> ⏱ 營業時間:平日12:00~17:00、週末及假日11:00~17:30 定休日:不定休
> 🌐 網址:https://shop.3204.jp/

由兩家人氣店:鎌倉的餐館「Oshino Bistro」及三浦的麵包店「充麥」合作,帶來講究的麵包與義式冰淇淋。選用當地食材製成的冰淇淋口味選擇眾多,必試招牌冰淇淋三明治。以無農藥自家製小麥製作的丹麥麵包夾著冰涼的開心果冰淇淋,烤過的麵包微溫帶酥脆,開心果味道濃郁,沒想到麵包與冰淇淋可以這麼搭!

→
上:琳瑯滿目的菜單。 下:冰淇淋三明治品嚐冷熱交融滋味。

漁港旁的溫馨空間《雀家》

> ⌂ 地址：神奈川縣三浦市三崎3-6-11
> ⓧ 如何抵達：「三崎港」巴士站步行約1分
> ⏲ 營業時間：星期一及日12:00～18:00、星期六12:00～22:00 定休日：星期二～五
> 🌐 網址：https://www.facebook.com/suzumeya/

↑
香甜的布丁搭配咖啡。

　　由任職戶外活動顧問的小雀陣二先生所經營的咖啡廳，概念卻是讓人充滿歸屬感、如在家中一樣溫暖的空間。簡約的日系裝潢，從咖啡廳2樓的座位可一邊眺望漁港與街道的景色，一邊品嚐輕食與甜點。招牌甜點之一的布丁使用山梨農場出產的平飼雞蛋製作，口感紮實搭配甘苦的焦糖，樸素自然的甜味，店內休閒的氣氛也讓餐點更加可口。

←
左：日系感的裝潢。
右：在2樓靠窗的座位能眺望街景。

古民家內享用網美風冰淇淋杯《三崎冰菓》

> ⌂ 地址：神奈川縣三浦市三崎3-7-1
> ⓧ 如何抵達：「三崎港」巴士站步行約2分
> ⏲ 營業時間：平日11:00～17:00、週末及假日11:00～18:00 定休日：星期三
> 🌐 網址：https://www.instagram.com/misaki_hyouka/

　　2023年才開幕的小店，復古感滿載的古民家，推開門映入眼簾卻是粉藍色的巧克力噴泉，猶如進入了童話書中的糖果屋，連大人都會感到興奮。他們只提供一種冰淇淋杯，從牛奶、抹茶、草莓等數種口味的冰淇淋中選擇兩款，店員現場把蛋捲餅乾杯在噴泉沾上巧克力醬，並裝飾可愛的蛋白餅、馬卡龍、魚型餅乾，打造出網美海岸主題，在日式古民家中享用別有一番風情。

→
左：冰淇淋杯擺滿可愛的點心。
右：店舖內保持古民家環境。

@ 期間限定!途中下車來賞花!

　　三崎港地方不算太大，大概半天就可逛完，難得電車套票可以中途下車又不用額外再支付費用，假設從品川出發的話，還可以在回程時，到同一路線上的橫濱購物逛街。遇上花季時，不妨繞個遠路來賞花！

↑
盛開的太陽花充滿朝氣。

朝氣勃勃的向日葵花海《 長井海之手公園 太陽之丘 》

⌂ 地址：神奈川縣橫須賀市長井4丁目地内
🚶 如何抵達：京急久里濱線「三崎口」站，轉乘巴士在「ソレイユの丘」站下車
🕐 營業時間：3月～11月 9:00～18:00、12月～2月9:30～17:00 定休日：無
🌐 網址：https://soleil-park.jp/

　　長井海之手公園結合遊戲設施、自然植物與動物的綜合公園，是當地熱門的親子景點，假日都是帶著孩子來放電的家庭。公園內種滿各式花草樹木，在夏季7月~9月以向日葵花海特別壯觀，園內各處約20萬株花卉盛開，黃金色的景象讓人看著就豁然開朗。

早開的鮮艷河津櫻《三浦海岸櫻花祭》

⌂ 地址：神奈川県三浦市南下浦町上宮田1497三浦海岸駅改札外広場
Ⓐ 如何抵達：京急久里濱線「三浦海岸」站步行約1分
⏲ 舉行期間：2月上旬～3月上旬（詳細舉行日期請參考官網資訊）
🌐 網址：https://www.keikyu.co.jp/cp/kawazu2024/

↑
河津櫻顏色鮮艷奪目。

　　日本的櫻花季通常在3月~4月，也因為櫻花品種眾多，開花時期不一，其中河津櫻就以早開聞名，若2月來東京玩時，也可安排這個景點。河津櫻發源自靜岡縣河津町，但並非那裡獨有，在三崎口一站之隔的三浦海岸亦是河津櫻勝地。從車站旁就開滿櫻花，深粉紅色花瓣比常見的染井吉野櫻要艷麗得多，另有一番美致。花開期間更會舉行櫻花祭活動，設置各種攤販氣氛熱鬧。

◎約20萬株太陽花形成黃金花海。

當天來回

Route.
さいたま 5

Saitama-ken
Kawagoe-shi

埼玉縣

《川越》

傳統建築注入新活力

川越有著「小江戶」的稱號，是因為當地保留了許多傳統建築，宛如走進時代劇的街景中。實際來到這裡後，卻會發現古老的房子與神社竟提供各種新奇有趣的體驗，令人感受到新舊文化衝擊。

川越也是近郊旅遊的入門款景點，相當適合自由行新手。因為與東京距離近，交通方便，隨意在大街上閒逛，有多種商店及餐廳可以選擇，道路平坦不用走樓梯或爬山，帶著長輩或小孩也比較輕鬆。

《 交通攻略 》搞清楚川越車站、本川越車站！

川越市範圍非常大，不過，觀光景點都集中在「中央通」、「川越一番街」及「川越冰川神社」一帶，這裡有川越、本川越兩個主要車站，相似的名字容易讓人感到混亂。若要到達這兩個車站，可分別搭乘不同鐵路公司的路線，可依出發起點，選取最方便的方式即可。

選擇本川越車站到站，離觀光景點較近，步行約10分鐘便到；若是選擇川越車站，距離較遠，需步行超過20分鐘。不過，川越市內有巴士運行，在兩個車站及多個著名景點都有站點，一程車資約100~200日幣。

如果預計會多次搭乘巴士，不妨購買「小江戶川越一日乘車券」，大人400日幣、小孩200日幣，一天內任意乘坐小江 名所巡迴巴士及東武一般路線巴士。可在指定APP購買電子票券或在川越車站、本川越車站的觀光案內所等地購買紙本票券。

1. 川越車站的外觀。
2. 本川越車站的閘口。
3. 路上的巴士站牌。

		池袋	新宿	澀谷
東武 川越車站（東武鐵道東武東上線）	急行列車約32分鐘	●		
JR 川越車站（JR 川越線·埼京線）	快速列車約52分鐘 全程約59分鐘 全程約64分鐘	●	●	●
西武 本川越車站（西武鐵道西武新宿線）	急行列車約58分鐘		●	

＊西武新宿車站

One Day Trip ▫ 川越一日推薦行程

11:30 壽庵吃蕎麥麵午餐 → 步行 14 分鐘 → 13:00 參觀川越冰川神社→ 步行 13 分鐘 → 14:00 菓子屋橫丁散步買糖果 → 步行 5 分鐘 → 14:30 時之鐘打卡、唐木木工排隊領號碼牌 → 步行 2 分鐘 → 15:00 MINAMIMACHI COFFEE 吃地瓜點心下午茶→ 步行 2 分鐘 → 16:00 唐木木工製作筷子 → 步行 13 分鐘 → 17:00 小江戶藏里買伴手禮試喝日本酒 → 步行 7 分鐘 → 18:00 川越いちのや本店 吃鰻魚飯晚餐

1. 夏季限定的藍色鯛魚神籤。
2. 用鋤頭挖地瓜神籤，
3. 七彩風鈴長廊。
4. 神社境內的巨大鳥居。
5. 跟著指示穿過茅草圓環繞圈可消災除厄。

拍照打卡點滿載《川越冰川神社》

🏠 地址：埼玉縣川越市宮下町2-11-3
🚃 如何抵達：西武鐵道「本川越」站步行約27分 /
　　東武巴士「川越冰川神社」站下車步行0分
🌐 網址：https://www.kawagoehikawa.jp/

　　日本神社為了吸引更多人到訪，會想出很多花招，其中川越冰川神社更懂得抓住女生的心。神社供奉腳摩乳命及手摩乳命一對夫婦神明與其家人，以保佑戀愛姻緣知名，正好打中年輕女生們的心願。境內還有設有拍照打卡點，緣起物設計別出心裁，一系列可愛的御守、御朱印深受歡迎。

　　御神籤更是花樣百出，最著名的鯛魚神籤以紅色及粉紅色為經典，還有期間限定的綠色、藍色、白色、紫色款。2023年11月還新增了地瓜御神籤，採用川越特產地瓜為設計，由支援身心障礙者的設施所手工製作。紫紅地瓜還放入仿造田地的木箱中，用鋤頭挖到屬於自己的神籤。每個地瓜內藏有一張籤文與印有號碼的紙條，再到社務社，對照木抽屜的數字自行拿取一張地瓜的介紹，還有能提升運氣的地瓜甜點推薦呢！

　　川越冰川神社一年四季都能到訪，不過特別建議在夏季前往。每年夏天季7月上旬~9月上旬都會舉行緣結風鈴活動，境內會掛起七彩繽紛的風鈴，鮮艷的玻璃風鈴隨風搖曳，發出清脆的聲音，站在風鈴長廊拍照，充滿夏日意境。

充滿趣味的開運景點《川越熊野神社》

⌂ 地址：埼玉縣川越市連雀町17-1
⚘ 如何抵達：西武鐵道「本川越」站步行約8分 / 東武巴士「蓮馨寺」站下車步行1分
🌐 網址：https://www.kawagoekumano.jp/

1	4
2	
3	5

1.川越熊野神社的入口。
2.巨大的八咫烏像迎接參拜者。
3.測試運氣的拋圈。
4.川越熊野神社本殿。
5.香油錢可掃QRcode電子支付。

比起川越冰川神社，熊野神社的知名度相對低很多，雖然這樣形容有點冒犯，但熊野神社給我的感覺是富有娛樂性，像是一座神聖的主題樂園。

川越熊野神社以八咫烏（烏鴉）為象徵，一進去就看到兩尊巨大的八咫烏像。傳說初代神武天皇在熊野山路中迷路，獲得八咫烏帶路才順利前往奈良橿原宮，因此相信八咫烏可把願望引領到神明前。日本足球協會JFA也選用八咫烏為標誌，寓意是帶來勝利。在川越熊野神社境內到處可見八咫烏社徽，當然還有八咫烏的御朱印、御守及御神籤等吉祥物。

川越熊野神社境內除了本殿，也有多座小型的神社和可以清洗錢幣提升金運的寶池。在加祐稻荷神社旁更有測試運氣的拋圈，投入香油錢後可自行拿三個圈圈，試著拋到各種運氣對應的位置。拋圈意外地很難中，板子上寫著拋不中代表一如既往的運氣普普，更不用擔心會招來惡運。

STEP-01
介紹參拜方法的圖示。

STEP-02
緣結之庭的入口。

STEP-03
結合電子科技的社殿。

STEP-04
把手放在水晶球
上能聯動到上方
的螢幕。

　　另外，在緣結之庭也展現了科技與傳統文化的結合。由植物所包圍的社殿充滿神秘感，從左或右選一邊進去，投入香油錢後雙手放到「神恩感謝」、「結緣」或「開運」的水晶球上，螢幕就會播出八咫烏神明的話。傳統的神社也配合時代的步伐活用電子科技，真佩服日本人的創意與開放的心態。

STEP-05
螢幕會出現八咫烏神明的話。

@ 在藏造老屋街道體驗日本文化與美食

　　古風古韻的川越，街道上一棟棟藏造建築，還真的讓人有種穿越到江戶時代的錯覺。不同於日本常見的木造老房子，川越的建築以藏造為主。在明治年代，這裡曾經歷一場大火並燒毀了三分之一個小鎮，此後商人便採用防火性能高的土藏造建築，加上後來興建的西洋風格建築，營造出獨特的懷舊風格，也因此被選定為「重要傳統建造物群保存地區」。這些古老的藏造既有數百年流傳下來的老舖，也有新店進駐，把日本文化及美食傳承下去，值得一一發掘。

川越的代表性地標《時之鐘》

> ⌂ 地址：埼玉県川越市幸町15番地7
> ⚐ 如何抵達：西武鐵道「本川越」站步行約15分 / 東武巴士「一番街」站下車步行2分

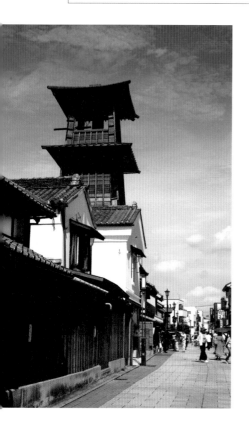

　　來到川越，一定要去「時之鐘」拍照打卡才有到此一遊的實感。這所鐘樓約有400年歷史，曾數度遭大火摧毀，現在的建築於明治年間建成，多年來一直為當地人報時，頂樓的裝置會每天上午6時、正午12時、下午3時以及下午6時自動敲鐘。充滿歷史文化價值的時之鐘被指定為有形文化財，同時也是川越的象徵之一。穿過塔樓則有以治癒眼疾聞名的藥師神社，經過時可以來拜拜。

↑
塔樓後是藥師神社。
←
高聳的鐘塔在街道上特別顯眼。

挑戰七層抹茶蕎麥麵《壽庵》

⌂ 地址：埼玉縣川越市幸町3-18
🚶 如何抵達：西武鐵道「本川越」站步行約15分 / 東武巴士「一番街」站下車步行2分
🕐 營業時間：11:15～20:00　定休日：星期三
🌐 https://www.kawagoe.com/kotobukian/kuranomachi.html

↑
壽庵的店門。
↓
五層的抹茶蕎麥麵
與各式配菜。

　　超過119年歷史的蕎麥麵店，最有名的是抹茶蕎麥麵，可以
選七層、五層或三層的份量。每碗盛著一小撮麵條，並疊起成為
麵條高塔，搭配3~7款配菜（數量與麵條的層數相等）。

　　抹茶蕎麥麵使用當地知名舊河越領茶園的抹茶粉製作，
帶有鮮艷的綠色，味道似乎比一般的麵條更顯清爽。沾麵
汁可直接倒在每一層的碗中，自行添加海苔、山藥泥、
生鵪鶉蛋等配料，每碗都可變化，多層麵條輕易就能
吃完。

熱情招呼的傳統手工糖果《玉力製菓》

⌂ 地址：埼玉縣川越市元町2-7-7
🚶 如何抵達：西武鐵道「本川越」站步行約18分 / 東武巴士「札之辻」站下車步行3分
🕐 營業時間：10:00～16:00　定休日：星期一

1

　　從主街道的一番街商店街拐彎，來到「菓子屋
丁」，單是看這可愛的名字已聯想到甜甜的味道。這裡
聚集了30家以販售點心為主的小店，從勾起兒時柑仔店
回憶的懷舊零食店、和菓子店，到可麗餅等新派甜點，
螞蟻人來到這裡定會雙眼發光。

　　這當中最吸引我的是，有著約100年歷史的「玉力
製菓」，橫跨四代盡心盡力地製作手工糖果。店內的氛
圍像是停留在遠久年代，藤籃裡擺放著一包包糖果。一
進去阿嬤就熱情地為我介紹使用藥草製作的喉糖，試吃
的糖果一顆又一顆送到我的手上，甚至還跑到廚房拿出
剛做好的新鮮原味糖果。手工糖果帶有純樸的甜味，加
上濃濃的人情味，雖然已過愛吃糖果的年紀，在日常疲
累了卻會想要吃一顆，懷念起往日的時光。

1. 在店內可窺見製作糖果的廚房。
2. 各種手工糖果整齊排列。
3. 街道上的菓子屋橫丁招牌。

親手製作一雙筷子吧《唐木木工》

⌂ 地址：埼玉縣川越市幸町14番地3
🚶 如何抵達：西武鐵道「本川越」站步行約17分 / 東武巴士「一番街」站下車步行4分
🕐 營業時間：平日12:30～18:00、週末及假日10:30～18:00　定休日：無
🌐 網址：https://karakimokkou.com/

　　筷子在華人地區和日本都是日常不可或缺的餐具，與飲食文化環環相扣。這兩根木棍看著形狀簡單，製作起來十分費功夫。「唐木木工」是一家專門製作筷子的工作坊，由同樣位在川越市的家具店所營運，店舖空間不大卻有著簡潔整齊的規劃，可以在時尚的環境中進行體驗。

　　體驗活動可事前在網路上預約，平日現場候位大約需一小時，在店外的機器登記後可以連結電子信箱或LINE隨時查看候位情況。

　　對於女生來說，削木材要花不少力氣，一不小心就變得粗細不一，雖然筷子成品並非完美，但想到自己埋頭苦幹了快一小時才完成，用它夾起的每口飯都會更加珍貴。

`Plus`

筷子製作 step by step

STEP-01
挑選木材

STEP-02
刨削木材

STEP-03
砂紙磨滑、上油

STEP-04
完成

桌上皆有流程說明。

超過 190 年的鰻魚老店《川越いちのや本店》

⌂ 地址：埼玉県川越市松江町 1-18-10
🚶 如何抵達：西武鐵道「本川越」站步行約8分
🕐 營業時間：平日11:00～15:00、16:30～20:30週末及假日11:00～21:00　定休日：星期一
🌐 網址：https://kawagoeichinoya.owst.jp/

→
豐富的鰻魚三吃套餐。
↓
米飯上鋪滿鰻魚塊。

↑：店舖的外觀。
下：傳統和風裝潢的半開放式小包廂。

　　鰻魚也是川越的代表美食之一，由於川越周邊沒有海，加上流經川越的入間川和荒川等河流可捕獲鰻魚，因此在古時已有吃鰻魚來補充蛋白質的習慣，區內有多家超過百年歷史的老店。其中一家便是「いちのや」。店舖經過翻新後，空間很大約有300個座位，還有小包廂的設計，用餐環境相對舒適，翻桌率也高。

　　他們的鰻魚也十分具特色，將生鰻魚剖開後直接蒸煮，不經過白燒（不淋上佐料）處理，然後再塗上祖傳醬汁燒烤。這樣能去除鰻魚多餘油脂，肉質鬆軟，皮面烤得香脆，吃起來沒有滿口油膩，醬汁也不會太甜，味道相當清爽。

　　若點「ひつまぶし」（鰻魚三吃），米飯還放了芝麻及紫蘇葉增加香氣，無論是直接品嚐，還是倒入高湯變成茶泡飯都很好吃，平常少飯量的我也把一大碗鰻魚飯吃得清光！

必吃川越名物,地瓜甜點特輯

1 2 3

1.街道上可愛的地瓜吉祥物裝飾。
2.川越名物之一的地瓜饅頭點心。
3.24小時不打烊的烤地瓜自動販賣機。

　　川越與地瓜的淵源可追溯至江戶時代,當時流行栽種地瓜,而川越這一帶因產量高而成為重要產地。有一次川越藩主向第十代將軍德川家治獻上了地瓜,因為鮮豔的色澤與美味而受到稱讚,更特別命名為「川越芋」(日語「芋」為地瓜的意思),自此聲名大噪。直至今日,地瓜仍是川越的名產,更變成了各式各樣的甜點與小吃,成為當地美食。

烤地瓜升級變焦糖布蕾《MINAMIMACHI COFFEE》

🏠 地址:埼玉縣川越市元町2丁目1-3小江戶橫丁1F
🚶 如何抵達:西武鐵道「本川越」站步行約16分 / 東武巴士「札之辻」站下車步行4分
🕐 營業時間:9:00～19:00　定休日:無
🌐 網址:https://www.instagram.com/minamimachi_coffee/

　　在古時的日本,地瓜被當作節省米飯的糧食,後來到江戶時代興起烤地瓜,開始成為冬日受歡迎的小吃。地瓜直接烤熟已很好吃,沒想到結合了法式甜點的焦糖布蕾又是另一種美味。

　　「MINAMIMACHI COFFEE」提供烤地瓜及多種地瓜甜點,最人氣的就是烤地瓜布蕾。選用有著綿密口感的紅春香地瓜,在表面灑上砂糖以火槍烤成香脆的焦糖,再加上少許鹽調味,焦糖的甘苦與淡淡的鹹味更突顯地瓜的香甜,讓道地小吃變成味道細緻的甜點。

↑
店內也有販售地瓜點心,適合作為伴手禮。
←
香甜的焦糖布蕾與甘苦的咖啡很搭。

雙重口感地瓜《窯出し蜜いも ほくほく》

🏠 地址：埼玉県川越市元町2-10-11
🚶 如何抵達：西武鐵道「本川越」站步行約18分 / 東武巴士「札之辻」站下車步行3分
🕐 營業時間：8:00～17:00 定休日：星期三
🌐 網址：https://www.instagram.com/mitsuko_chan_hokuhoku/

如果喜歡地瓜那軟綿綿、入口即化的口感，那一定要來嚐嚐這家地瓜派專門店。因為是在店內烘焙，經過時總會被那香氣吸引，新鮮出爐的地瓜派拿到手時熱呼呼的，很適合冬天品嚐。

地瓜派口味多樣，原味就是用酥皮包裹著地瓜餡，以130℃低溫烤超過一小時，充分激發出地瓜的甜味。入口可同時品嚐到酥脆與細滑兩種口感，酥皮的奶油香氣也突顯出地瓜的甜蜜，吃一個就很有飽足感。

→
派內有滿滿的地瓜餡。
↓
金黃色的地瓜派超吸睛。

獻給日本天皇的地瓜點心《芋十》

🏠 地址：埼玉県川越市元町2-10-11
🚶 如何抵達：西武鐵道「本川越」站步行約18分 / 東武巴士「札之辻」站下車步行3分
🕐 營業時間：8:00～17:00 定休日：星期三
🌐 網址：https://www.instagram.com/mitsuko_chan_hokuhoku/

「芋十」稍微遠離店舖林立的藏造街，即使在人煙稀少的街道內，從外觀一看就知道非同小可，超過130年的老房子被川越市指定為景觀重要建築物，招牌上更是寫著「天皇皇后樣獻上銘菓」，能被選為獻給日本天皇的點心都是品質保證。

芋十販售多種地瓜製點心，很可惜我到訪的時間是下午，就只剩下地瓜條及地瓜脆片了，店主推薦加了糖蜜的地瓜條。地瓜條以日本產地瓜製作，炸脆後裹上糖，沒有多餘的調味，硬脆的口感與樸素的味道，卻讓人一口接一口的吃不停。

→
每包地瓜條份量十足。
↓
店舖自豪地寫著曾獻給日本天皇及皇后。

@ 不醉不歸!暢飲埼玉美酒!

　　旅行玩得興高采烈,走了一天後總想喝幾杯盡興到最後一刻。不說不知,埼玉縣原來是日本數一數二的酒鄉,日本酒的出貨量全國第四,在關東地區首屈一指。由於擁有荒川與利根川兩條大河,豐富的水資源與軟水水質,特別適合釀酒。埼玉縣更花12年開發自己的酒米品種「酒武藏」,在川越市和熊谷市等地種植,釀製出口感順滑的美酒。想要在川越小酌,無論喜歡日本酒還是啤酒都有好去處!

川越製啤酒配中華料理
《COEDO BREWERY THE RESTAURANT》

> ⌂ 地址:埼玉県川越市脇田本町8番地1 U_PLACE 1F
> ⚐ 如何抵達:JR、東武鐵道「川越」站步行約2分
> ⏱ 營業時間:平日11:30~15:30、17:00~22:00,週末及假日11:30~22:00 定休日:無
> 🌐 網址:https://coedobrewery.com/pages/the-restaurant

　　除了日本酒,川越出產的COEDO手工啤酒也是非常有名,曾拿下多個國際啤酒比賽的獎項,在日本的超級市場都能買到。而他們在川越開的餐廳並設有啤酒釀造廠,可以在店內喝到新鮮製作的啤酒。

　　這家餐廳提供中華料理,但有必要來日本吃中菜嗎?而日式的中華料理,其菜式與調味都與我們所熟悉的有分別,某種程度也算是「日本料理」。餐廳裝潢也走時尚風格,氣氛極佳,料理小巧精緻。我和朋友選的啤酒都偏向清爽口味,容易入口,沒想到點心、擔擔麵和手工啤酒也很搭!

1.餐廳外可看到啤酒釀造機器。
2.店內裝潢高雅時尚。
3.煎餃料理可搭配醬汁享用。
4.薑蔥雞肉作為啤酒的下酒菜。

1

2

3

4

銅幣價試飲日本酒《小江戶藏里》

> ⌂ 地址：埼玉県川越市新富町1-10-1
> 🚶 如何抵達：西武鐵道「本川越」站步行約3分
> 🕐 營業時間：10:00～18:00　定休日：無
> 🌐 網址：https://www.machikawa.co.jp/

1 　　　　　　　　2

↑
各種日本酒整齊排列。

3

1.「おみやげ処明治蔵」店內販售地瓜零食。
2.以川越地瓜製作的地瓜脆片。
3.「ききざけ処昭和蔵」的門口。

↑
用日本酒自動販賣機購買試飲。

　　由舊鏡山酒造改建而成的物產館，保留了酒廠的傳統建築樣式，空間寬敞。小江戶藏里分設三館，「おみやげ処明治蔵」集合眾多埼玉縣及川越特產，可以在這裡一口氣買到各種伴手禮很方便；「まかない処大正蔵」是可品嚐當地美食的餐廳；而「ききざけ処昭和蔵」則適合愛酒之人，提供埼玉縣35家酒廠的商品，重點是可以試酒！

　　館內設有四台日本酒自動販賣機，還有調製果實酒及小吃的櫃台，多款酒都提供試飲。店內採用代幣方式，500日幣可兌換3個代幣，酒及小吃以1~3個代幣兌換，換完可在吧桌站著享用。因為是試飲，一杯的份量其實不多，但數十款酒在面前隨便選，單是選擇的過程已讓人心生雀躍。喝完覺得不錯還可直接購買帶回家，試飲過才買就不怕踩雷了！

↑
3個代幣可兌換小杯的果實酒與下酒菜。

◇ 錢湯特輯 ◇
意外的錢湯聖地！人氣溫浴設施特輯

←
左：室內的按摩浴池。照片
提供：株式会社 溫泉道場
右：三溫暖檜木蒸氣烤箱。
照片提供：株式会社 溫泉道場

←
左：半開放的戶外浴池。照
片提供：株式会社 溫泉道場
右：泡澡後可在超級錢湯吃
東西休息。照片提供：株式会
社 溫泉道場

　　每個人享受旅行的方式不一，有些人喜歡高效率，在僅限的時間內遊覽各個景點，吃盡所有美食；有些人則是放慢腳步，難得的旅行只想要放鬆，好好休息。如果你屬於後者，務必將「超級錢湯」排進行程吧，這是指一所設施提供溫浴、休憩、飲食，一待就可以待上大半天！

　　埼玉縣是錢湯聖地，縣內有超過100家溫浴設施，吸引許多喜歡泡澡、三溫暖的人來體驗，近年還開設一些時髦的錢湯咖啡廳，成為年輕人流行的約會地點！

`must know`

什麼是錢湯、超級錢湯？

　　日語「錢湯」（Sento）其實是指澡堂，也就是公眾浴場。起源最早可追溯到6世紀，當時佛教傳入日本，其中提倡沐浴的功德，於是盛行施浴活動，京都一帶的寺院開始設立名為「大湯屋」的澡堂開放給市民使用。

　　在建築技術、電力及煤氣尚未普及的年代，錢湯是許多日本人日常生活的一部分，在日劇中也可能曾看過一家人帶著澡盆、毛巾及沐浴用品到錢湯洗澡的畫面。但在現代的日本，大部分房屋都設有浴室，使得錢湯也漸漸式微，成為一種懷舊文化象徵。

　　錢湯基本上是提供客人泡澡的地方，浴池通常設有溫水、冷水、按摩浴池，有些錢湯更會提供溫泉、三溫暖。設施整體簡潔，也不一

定會設有休息的地方。每個縣份都有設定統一價格，截至2024年8月，東京都為全國最高550日幣，在埼玉縣則是500日幣，但仍是許多日本市民日常可負擔的金額。

　　「超級錢湯」（Super Sento）可以說是升級版的錢湯，以娛樂及休息為目的。除了提供各種類型的浴池，也會提供三溫暖、岩盤浴等，並設有寬敞的休息空間及座位供客人在泡澡後休息。同時設有餐廳、按摩、美容等收費項目，因此客人可以在店內花上數小時，甚至待上一整天也沒問題，成為日本人假日消遣的好去處。

　　與溫泉旅館不同的是，超級錢湯不一定會提供溫泉水和住宿服務，因為不含住宿及餐飲，所以價格也相對實惠，入場費通常是1,000~3,000日幣。旅客無須攜帶任何行李，兩手空空進去泡澡便可。

〈第一次去也不失禮！日本大眾浴場泡澡禮儀〉

對於外國人而言，第一次到日本的大眾浴場，難免會緊張。無論是溫泉旅館還是錢湯，泡澡的規則都是大同小異，注意下列事項就不會失禮了。

入浴步驟：

①在更衣室的置物櫃／空籃放置隨身行李，如有錢包等貴重物品請放置到帶密碼鎖的保險櫃。

②脫掉全身衣物，並將其放入櫃內。

③只攜帶小毛巾進入浴場。許多浴場都沒有放置浴巾的位置，通常會擺在置物櫃內，等回到更衣室才使用。

④進入浴場後，先到沖澡區洗澡，清潔身體。

⑤進入浴池，享受泡澡。泡澡時，小毛巾可放在頭頂或浴池旁的空位。

⑥泡澡完畢後可再次沖澡。

⑦利用小毛巾拭乾身體水分才離開浴場，以免弄濕更衣室地板。

⑧在更衣室以浴巾拭乾身體，穿上衣服。溫泉旅館或超級錢湯可能會提供浴衣或室內套裝，可穿上在館內活動。

⑨可利用吹風機等吹乾頭髮，整理儀容。

注意事項：

☞在更衣室及浴場內，不得使用手機、平板電腦等電子儀器，禁止拍攝。

這是最重要的守則，在公眾浴場千萬不能拍攝，即使不是對著人拍照或是自拍也不行。為免引起誤會，最好也不要在更衣室使用電子儀器。另外，講電話、播放音樂及影片都是影響別人的行為，請盡量保持安靜。

☞保持浴池衛生，不要讓毛巾或頭髮等浸在池水裡。

即使頭髮已經洗乾淨，但長度超過肩膀，請務必綁起來，避免在泡澡時頭髮浸在水裡。另外，雖然可攜帶小毛巾進入浴場，請不要把毛巾放進浴池中，也避免在浴池內擰毛巾。

☞泡澡時不要進行影響他人的動作。

在浴池內不要游泳或是潑水，也不要一直盯著別人身體看，與其他客人最好保持一定的距離。在浴池內可以聊天，但不要大聲喧嘩。

☞沖澡時避免水花濺到別人。

沖澡的區域通常為開放式隔間，因此要小心花灑噴出的水會濺到周邊的人。

☞使用任何地方都應保持潔淨，離開前應自行清理。

無論是置物櫃、沖澡區或是梳妝台，使用後都應自行丟棄垃圾，把使用完的花灑、吹風機等放回原位，清理掉下的頭髮等。

掀起新熱潮的錢湯咖啡廳
《おふろ cafe utatane》

↑
藍色的三溫暖烤箱就像小木屋一樣很可愛。照片提供：株式会社 温泉道場

↑
錢湯也設有咖啡廳可以用餐。照片提供：株式会社
温泉道場
→
餐點擺盤也很好看。照片提供：株式会社 温泉道場

1 3　　1. 泡三溫暖時，可在桑拿石上澆水加濕。照片提供：株式会社 温泉道場
2　　　2. 休憩區環境很時髦。照片提供：株式会社 温泉道場
　　　　3. 大量座位可以使用。照片提供：株式会社 温泉道場

　　錢湯咖啡廳可以説是時髦版的超級錢湯，將錢湯與咖啡廳結合，讓人在時尚而舒適的環境中放鬆。「おふろcafe utatane」作為首家錢湯咖啡廳在埼玉縣的大宮開幕，在日本各地開設了多家分店。

　　來到錢湯咖啡廳首要之事──泡澡，大浴場設有室內及室外的浴池，露天浴池更使用來自縣內運送過來的「白壽之湯」溫泉水，含有大量鈉的泉水帶有保溫效果，對於改善身體寒冷和恢復疲勞都有很好的效果。

　　浴場內還有設計成小屋模樣的三溫暖，以芬蘭產松木製成，可愛的外觀就讓人很想進入小屋內看看。而三溫暖採用人工加濕方式，使用者須自行向中央的桑拿石上澆水，全身沉浸在蒸氣的熱浪中。館內還販售10種以上的香氛精油，可帶入浴場內使用，享受被香氣所包圍的感覺。

　　紓解身體疲累後，在咖啡廳享受好看又好吃的料理，從北歐美食拼盤、咖哩飯、拉麵到甜點，菜色選擇豐富。

　　飯後可在館內休息，設有大量座位，不論是躺椅、沙發或是懶骨頭沙發，選擇多樣；並提供吊床、漫畫及雜誌、電腦等，度過休閒的時間。在忙碌的日常生活中，給自己一個機會不用想著工作和家務盡情放空，或許也是一種旅行才有的奢侈體驗。

　　⌂ 地址：埼玉県さいたま市北区大成町4-179-3
　　🚉 如何抵達：新都市交通鐵路「鐵道博物館（大成）」站步行約10分
　　🕐 營業時間：10:00～翌日9:00 定休日：無
　　🌐 網址：https://ofurocafe-utatane.com/

猶如穿越時空的懷舊體驗《玉川溫泉》

↑
富士山壁畫及黃色澡盆增添懷舊氣氛。照片提供：株式会社 温泉道場

⌂ 地址：埼玉県比企郡ときがわ町大字玉川3700
✈ 如何抵達：東武東上線「武蔵嵐山」站西口，轉乘都幾
川町路線巴士「十王堂前経由せせらぎバスセンター」，在
「十王堂前」站下車步行約15分
🕐 營業時間：平日10:00～22:00週末及假日5:00～22:00
定休日：無
🌐 網址：https://tamagawa-onsen.com/

1

　　以昭和年代為主題的溫泉錢湯，從踏入設施便可感受到濃厚的懷舊氣息，四處裝
飾著舊式縫紉機、汽水販賣機等，館內也貼滿了古早海報。

　　雖然主打古老情懷，但設施及大浴場都很潔淨。浴場內的富士山壁畫、黃色的水
盆都營造出經典錢湯環境，室內的浴池還飄浮著黃色小鴨帶點玩味。他們提供天然溫
泉，從地下1,700公尺的秩父古生層所湧出的鹼性單純溫泉，具有去除肌膚表面角質的
效果，使皮膚變得光滑，還能讓身體加熱，達到持久的保溫效果。在浴池可看到周邊
的自然景色，在綠意的包圍下泡澡更感療癒。

↑
設施內有小商店販售零食及玩具。照片提供：株式会社 温泉道場

1. 門外擺放了舊式的郵筒及汽車。照片提供：株式会社 温泉道場
2. 豐富的日式料理。照片提供：株式会社 温泉道場
3. 也可以選擇喫茶店的特色洋食料理。照片提供：株式会社 温泉道場

2　　　　　　　　　　3

　　館內設有餐廳「玉川食堂」，提供冰淇淋蜜瓜蘇打、拿坡里義大利麵等喫茶店菜單，也有使用埼玉縣食材製作的蕎麥麵、定食等，可以品嚐不同形式的日本料理。餐廳裝潢也是滿滿懷舊感，鋪上榻榻米的地板、古老的家電、暖桌座位，彷彿走進日本人老家一樣。在這個環境下用餐特別有感覺。

　　館內同樣設有休憩空間並提供雜誌、Wi-Fi，讓客人使用。還有小商店販售懷舊商品，從玩具、零食到各種口味的彈珠汽水，像是小時候逛柑仔店一樣，找回童心。泡澡之餘可同時體驗日本昭和懷舊文化，在外國人眼中更是新鮮有趣吧。

當天來回

Route.
ちば **6**

Chiba-ken
Narita-kuko
shuhen

千葉縣

◎成田機場周邊◎

把握起飛前的最後機會

成田機場作為東京的玄關口而為人熟知，但坐標卻是落在千葉縣！即使乘搭最快的 Skyliner，來往成田機場與東京市區也要約 36 分鐘車程，因此航班起飛前的行程總是讓人苦惱，想要玩到最後一刻，又怕錯估時間而趕不上飛機。

對住在神奈川縣的我來説，光是前往成田機場就像一場小旅行，約 3 小時電車車程到達機場，再來是數小時的飛行，想一想都嫌累。為了不用清晨趕始發列車，其實在成田周邊住一晚好像也不錯。這區不少飯店會提供早上／晚上來往機場的免收費接駁巴士，就不用擔心趕電車的問題。而且，在成田機場周邊也有很多好玩好逛的地方，正好適合排半天的行程。

↘地圖請掃我！

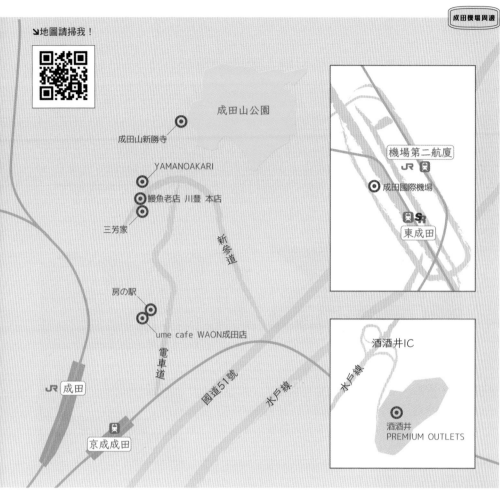

成田山公園

成田山新勝寺

YAMANOAKARI

鰻魚老店 川豐 本店

三芳家

新參道

房の駅

ume cafe WAON成田店

電車道

JR 成田

國道51號

水戶線

京成成田

機場第二航廈
JR

成田國際機場

東成田

酒酒井IC

水戶線

酒酒井
PREMIUM OUTLETS

只有1站！成田山表參道漫遊老街

利用JR成田線快速或是京成電鐵的京成本線快速，與成田機場一站的距離，從成田車站出來，往成田山新勝寺方向一直走，街道的風景從現代的建築物慢慢變成古典的木房子，熱鬧的老街上有各式各樣伴手禮商店及餐廳，讓人想起日劇中江戶時代繁榮的街道場面，沉浸在濃厚日式風情中。

↑
在成田山表參道上可以看到許多特色老房子。
→
享受邊走邊吃的樂趣。

祈求各種願望的能量聖地《成田山新勝寺》

🏠 地址：千葉県成田市成田1番地
🚶 如何抵達：京成電鐵「京成成田」站或JR「成田」站步行約10分
🌐 網址：https://www.naritasan.or.jp/

有著超過1080年歷史的成田山新勝寺，第一次到訪，發現這裡未免也太大了！穿過宏偉的總門與指定重要文化財的仁王門，爬上一段樓梯後，眼前就是遼闊的廣場。境內有多所廟堂，祈求不同願望，若要全部逛完要花不少腳力！

大本堂

供奉著弘法大師・空海親手雕刻的不動明王。這裡每天都進行護摩祈禱，燃燒名為「護摩木」的特製柴薪，信眾可把供品投入火焰中以祈求實現各種願望。

> 參拜
小提醒！　進入大本堂後，在賽錢箱前鞠躬，投入賽錢，然後合掌祈禱，許願後再輕輕鞠躬

三重塔

建於1712年的重要文化財，使用了名為「一枚垂木」的珍貴垂木來建造。從下方仰望，垂木如同展翅飛翔般左右展開，並以龍的雕刻點綴，一層用上約2萬枚金箔裝飾，極為華麗精緻。

釋迦堂

在大本堂建立前，原為新勝寺的本堂，現在供奉著創立佛教的釋迦如來、普賢、文殊、彌勒、千手觀音的四菩薩，成為祈禱消災的場所。

額堂

被指定為重要
文化財的歷史
建築，是用來
懸掛信眾奉納
的匾額和繪馬

的地方，保留了江戶時代奉納的珍貴繪馬
和雕刻。據說第一代額堂是由歌舞伎演員
七代目市川團十郎捐贈所建，可惜被縱火
焚毀，現在於第二代額堂中設置了他的等
身石像。

成田山新勝寺與市川團十郎的淵源

　　歌舞伎演員初代市川團十郎因為在新
勝寺周邊的幡谷出身，加上曾演繹不動明
王，因此以「成田屋」為屋號。本人熱心
前往新勝寺參拜而掀起熱潮，在交通不便
的1600~1700年代，很多人特地花幾天
從江戶（現在的東京）步行來到成田山參
拜，時至今日仍是日本人家喻戶曉的寺
廟。直到2024年，第十三代市川團十郎
（前藝名為市川海老藏），仍與成田山當
地連繫，還成為當地飯店大使等。

光明堂

建於1701年的重要文化財，供奉著能把將煩惱轉化為覺
悟，並引導人們達到覺悟境地的愛染明王，有著實現戀愛
和締結良緣的彩頭。

醫王殿

為紀念開基1080年，在2018年建造的新堂，供奉著藥師
琉璃光如來，祈求健康長壽和病癒。

平和大塔

象徵真言密教教義的塔，1樓有成田山的歷史展覽，2樓供奉著
不動明王。據說還收藏了一顆時光膠囊，來自教皇若望保祿二
世、美國總統隆納·雷根、英國女王伊莉莎白二世、日本總理大
臣中曾根康弘等各國領袖的和平訊息，預定在2434年開封。

出世稻荷

祈求仕途亨通、出人頭地的神社，供奉著稻荷神與使者狐
狸。很多信眾特地購買狐狸喜歡的油炸豆腐和蠟燭來拜
拜。在寫繪馬許願時，還會把名片一起掛上，猶如宣傳告
示板一樣十分有趣。

成田百年流傳鰻魚飯《川豐本店》

🏠 地址：千葉縣成田市仲町386
🚶 如何抵達：京成電鐵「京成成田」站或JR「成田」站步行約12分
🕐 營業時間：10:00～17:00　定休日：無
🌐 網址：http://www.unagi-kawatoyo.com/

　　川豐在1910年作為鮮魚店起家，販售鰻魚與鯉魚等，之後開設鰻魚料理店並扎根在成田山新勝寺表參道一帶，鰻魚現為成田的代表美食之一，在數十家店舖之中「川豐」屬人氣之最，總是大排長龍。其講求「現切‧現蒸‧現燒」的料理方法，在門口可看到廚師在炭爐前烤鰻魚。焦香的鰻魚配上秘製醬汁，吃過一口就知為什麼這麼多年來都受到顧客的喜愛。

　　川豐在成田設有本店及別館，特別推薦本店，其建築被認定有形文化財，充滿歷史價值。在古老的木造房子裡品嚐傳統鰻魚飯，更是別有風情。

1 2
3 4

1.餐廳內總是座無虛席。
2.一串串鰻魚以炭火燒烤。
3.點餐後會獲得餐券，然後等待入座。
4.最小的「鰻魚重」飯盒有2/3條烤鰻魚。

藏身巷子裡秘密日式庭園《三芳家》

🏠 地址：千葉縣成田市仲之町 386-2
🚶 如何抵達：京成電鐵「京成成田」站或JR「成田」站步行約12分
🕐 營業時間：10:00～17:00定休日：星期三（1月、5月、9月除外）
🌐 網址：https://miyoshiya-narita.com

　　表參道上商店櫛比鱗次，招牌奪目，很容易會錯過這家寶藏咖啡廳。門口只放了簡單的木招牌，穿過小巷竟然有雅致的和風庭園。鬱鬱蔥蔥的樹木與石燈籠等相映成趣，店舖空間雖不大，但在自然圍繞下不會感到侷促。提供簡單的豆皮壽司與各種甜點，來一碗甜蜜的冰淇淋餡蜜，濃郁的紅豆泥與黑糖蜜搭配清爽的寒天，最後以暖呼呼的焙茶作結，享受靜謐美好的時光。

←
左：從店內可以看到庭園風景。
右：冰淇淋餡蜜搭配熱焙茶。

日式食材變身新派甜點《YAMANOAKARI》

🏠 地址：千葉縣成田市仲町368-1
🚶 如何抵達：京成電鐵「京成成田」站或JR「成田」站步行約12分
🕐 營業時間：10:00～16:00（星期三11:00～16:00）　定休日：星期四，每月第三個星期三
🌐 網址：https://www.yamanoakari.com/

↑
店舖設置數張長椅供客人使用。
←煎茶口味的奶油派。

　　這家在2023年才開幕的小店在傳統老屋之間顯得特別時尚，提供千葉產深蒸茶與紅茶，以及各種烘焙點心，開放式的店舖設有幾張椅子讓客人可坐著休息。招牌甜點手工奶油派以煎茶口味最受歡迎。鬆脆的酥皮包裹著滿滿起司奶油，客人可自行注入濃郁的煎茶醬調整，口感與味道都讓人感到滿足，但份量頗大，如果還想要享受其他美食可要注意了。

集合千葉特產伴手禮《房の駅》

> 🏠 地址：千葉県成田市上町546-3
> 🚶 如何抵達：京成電鐵「京成成田」站或JR「成田」站步行約6分
> 🕐 營業時間：8:30～20:00 定休日：無
> 🌐 網址：https://www.instagram.com/fusanoeki_official/

　　來到千葉想買些特產當作伴手禮，不妨直接走到「房の駅」就能包辦所有了！這是千葉縣的伴手禮店，在許多其他景點都可找到分店，而在成田參道店更設有咖啡廳提供輕食與甜點。

　　千葉最有名的特產就是花生，要注意的是，不可帶未煮熟之帶殼花生入境臺灣，購買前須留意！可挑選花生製的點心或花生醬，還有各種口味的花生豆，可以自行選擇裝到杯子，巧克力、草莓、焦糖，香甜脆口很解饞！

→
上+下：各式各樣的千葉特產。

梅子專門店
《ume cafe WAON 成田表參道店》

> 🏠 千葉県成田市上町514
> 🚶 如何抵達：京成電鐵「京成成田」站或JR「成田」站步行約5分
> 🕐 營業時間：10:00～17:00 定休日：無
> 🌐 網址：https://www.instagram.com/umecafe_narita/

　　ume café WAON來自茨城縣，由漬物老店吉田屋淺吉商店開設，為日本全國首家以梅子為主題的咖啡廳，而成田表參道店也有提供外帶的梅子飲料與各種梅子商品。一系列的醃漬梅乾包裝精緻，家常配菜也能是送禮佳品。根據梅子品種及醃漬方法，鹹、酸、甜味完全不同，不妨多買幾款回去試試。醃漬梅乾雖可入境臺灣但屬於液體，須注意手提及托運行李規則。

←
上：各種口味的酸梅。
下：酸梅包裝精美適合送禮。

直通巴士超方便《酒酒井 PREMIUM OUTLETS》

🏠 地址：千葉県印旛郡酒々井町飯積2-4-1
🚶 如何抵達：京成電鐵「酒々井」站或JR「酒々井」搭乘「酒々井プレミアム・アウトレット行」路線巴士至酒酒井PREMIUM OUTLETS下車
🕐 營業時間：10:00～20:00 定休日：無
🌐 網址：https://www.premiumoutlets.co.jp/shisui/

　　對於喜歡逛街購物的人，這個地方很適合作為剛抵達的首個採買點，或是離開日本前最後掃貨。酒酒井PREMIUM OUTLETS設有來往成田機場的直通巴士，每小時2～4班次，只要15分鐘便可到達！巴士有放置行李箱的地方，OUTLET內也有投幣式置物櫃，可以放心推著行李箱去大買特買。

　　酒酒井PREMIUM OUTLETS內有約200家店舖，涵蓋服飾、化妝品、雜貨、食品等，以中高價日本及國際品牌為主，較少高級精品名牌。作為暢貨中心，全年提供折扣優惠，剛好錯過折扣季也可來撿好康。

　　OUTLET內設有餐廳及美食廣場，當中還有千葉縣名店，如連鎖壽司店「すし銚子丸」、牛奶甜點店「成田ゆめ牧場」，一些咖啡廳也有限定菜單，逛到累可以吃點東西再繼續買買買。

1 2
4 5
1.從機場可乘搭巴士直達OUTLET。
2.成田當地名店「成田ゆめ牧場」。
3.店舖限定的千葉花生口味鬆餅。
4.OUTLET環境廣闊適很好逛。
5.週末也有不少本地人前來購物。

當天來回

Route.
しずおか 7

Shizuoka-ken
Atami-shi

靜岡縣

熱海

好吃好拍的
懷舊度假勝地

冬天泡溫泉、夏天到海灘嬉水，坐擁地理優勢的熱海一年四季都是度假的好去處，更有過「日本的夏威夷」之稱。熱海在昭和年代特別受歡迎，是熱門的新婚蜜月旅行地點，也遺留不少泡沫經濟的痕跡。裝潢華麗的飯店、喫茶店現在變成年輕人來感受懷舊的地方，換個方式延續度假勝地的美名，還開設了許多迎合新時代的網美小店，可以一次體驗不同世代的流行文化。

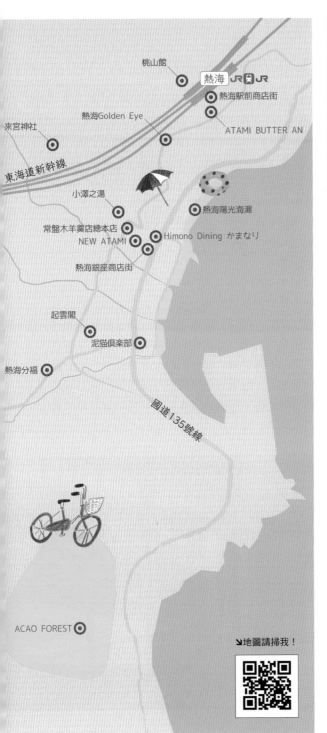

桃山館

熱海　JR🚄JR

熱海駅前商店街

熱海Golden Eye

ATAMI BUTTER AN

來宮神社

東海道新幹線

小澤之湯

熱海陽光海灘

常盤木羊羹店總本店
NEW ATAMI

Himono Dining かまなり

熱海銀座商店街

起雲閣

泥猫倶楽部

熱海分福

國道135號線

ACAO FOREST

↘地圖請掃我！

〖 夏季限定遊泳的知名地標 〗
熱海陽光海灘

長約400公尺的熱海陽光海灘雖然面積不算大，也沒有白沙碧海，但走在沙灘上感受海風吹拂，聽著海浪拍打的聲音，仍是有著度假才有的閒散。海灘一年四季開放，只有夏季指定期間（每年不同，通常為7月~8月）才可下海遊泳。除此之外，這裡還是熱海海上花火大會的舉辦地點，一年高達十多場煙火秀，不論你是哪個季節來玩，都能享受海灘的樂趣。

↑
上：遊客可以在沙灘上散步。
下：被認定為戀人聖地的噴水池。

🏠 地址：靜岡縣熱海市東海岸町
🚶 如何抵達：JR「熱海」站步行約13分
🕐 營業時間：無（夏季游泳的開放時間 9:00~16:00）　定休日：無
🌐 網址：https://www.city.atami.lg.jp/shisetsu/bunka/1002073/1002074.html

走進日本文豪們喜愛的百年旅館《起雲閣》

⌂ 地址：靜岡縣熱海市昭和町4-2
🚶 如何抵達：JR「熱海」站步行約21分、伊豆箱根巴士「起雲閣」站步行約1分
🕐 營業時間：9:00~17:00 定休日：星期三，12月26日~30日
🌐 網址：https://kiunkaku.jp/

在大正年代建造的起雲閣，曾是當代政治家及企業家的別墅，約一萬平方公尺的廣闊面積，獲得「熱海三大別墅」的美稱。後來被收購轉型為旅館後，便成為太宰治、舟橋聖一等著名日本文人喜愛住宿地。到了2000年，便開放給遊客參觀，一窺日本建築美學。

起雲閣擁有保留日本傳統建築美麗風貌的本館，以及融合異國特色的別館。入館後換上拖鞋沿著指示參觀，從鋪上榻榻米的和室到彩繪玻璃的洋室、羅馬風浴室、文人住宿過的旅館房間，每走進一間都會感到驚喜。可能因為自身是旅館，加上遊客不算太多，在寧靜的房間中欣賞優雅的庭園真是愜意，想必當年文壇人士入住時看到這片景色，靈感也是源源不絕吧！

1　　1.起雲閣的入口。
2　　2.天花板的花紋也是看點。
3　　3.難得一見的羅馬風浴室。
4 5　4.其中一些房間在舉辦藝術展覽。
　　　5.古典建築與庭園的自然風景結合很美。

在神社境內Chill著吸收靈氣《來宮神社》

🏠 地址：静岡県熱海市西山町43-1
🚶 如何抵達：JR伊東線「來宮」站步行約5分、伊豆箱根巴士「來宮神社」站步行約1分
🕐 營業時間：9:00~17:00　定休日：無
🌐 網址：https://kinomiya.or.jp/

　　在神社內Chill著好像很失禮，但來宮神社是我去過的神社之中，設有最多咖啡廳和休憩區的地方。雖然超過1200年的歷史，但近年翻新後變得相當時髦，處處藏著打卡元素，例如以落葉拼砌出可愛圖案，境內還放置自拍架方便遊客拍照。加上神社本來就能保佑招來福分、緣分，更加吸引女生前來到訪。

　　來宮神社境內與周邊設有「茶寮 報鼓」、「楠の香」、「五色の杜」、「結び葉」4家咖啡廳，提供各種和式、洋式飲料與輕食，在充滿綠意又神聖的環境中享用餐點，也是別有風情呢！

↑穿過鳥居入口後是一片小竹林。

↑
左：神社原創的大楠御神籤。
右：來宮神社的宮神轎。

↑神社人員經常會利用落葉堆出可愛的圖案。

←
左：神社周邊的咖啡廳「結び葉」。
右：「茶寮 報鼓」主要提供咖啡及洋式甜點。

設計師打造的花之樂園《ACAO FOREST》

🏠 地址：靜岡縣熱海海市上賀市1027-8
🚶 如何抵達：JR「熱海」站前乘搭免費接駁巴士，在「ACAO FOREST」下車
🕐 營業時間：9:00~17:00 定休日：無
🌐 網址：https://acao.jp/forest

參觀小提醒！
秋冬花期過了以後，園內會以綠色植物為主，想要拍到色彩繽紛的花卉最好在春夏季節到訪，才可欣賞到盛放的玫瑰、繡球花。

如果想在熱海找個地方放鬆，或是想要拍攝好看的網美照，可以來ACAO FOREST漫步在大自然之中。這個位在山坡上的設施，約66萬平方公尺的面積劃分成多個主題花園，日本庭園、英式玫瑰花園等，入場後可以慢慢散步，園內也有循環巴士可以隨時搭乘，不用怕走到累。

園內以OCEAN GARDEN一帶最受歡迎，面向著相模灣的蔚藍大海，設置了鞦韆、繩網床等多個拍照點，而且還貼心地附有手機台座，自拍不用靠人！拍到累了，可以在由著名建築師隈研吾設計的咖啡廳COEDA HOUSE買杯飲料與甜點，看著自然景色好好休息，心情開闊。

↑以海景為背景的屋形座位。

1 2
3
1.園內有許多座位供遊客休息。 2.優雅的玫瑰花園。 3.咖啡廳裝潢展現隈研吾的設計特色。

⟪ 熱海兩大商店街 ⟫
熱海站前商店街 VS. 熱海銀座商店街

　　雖然熱海多的是飯店及旅館，好像可以兩天一夜的行程，但景點集中，其實很適合一日遊。在熱海車站周邊就有兩條商店街，不用四處探索，讓旅遊踩點更有效率。

✿ 熱海站前商店街

> 🏠 地址：靜岡縣熱海市田原本町
> 🚶 如何抵達：JR「熱海」站步行約2分
> 🕐 營業時間：每家商店不同　定休日：每家商店不同

　　一走出熱海車站，往右手邊一看就是商店街，結合「平和通」及「仲見世通」，約300公尺長的街道中有數十家伴手禮商店及餐廳。由於商店街有加頂蓋，下雨天逛街也很方便。

1 2 3　　1+2+3.熱鬧的商店街有許多遊客在逛街。

✿ 熱海 銀座商店街

> 🏠 地址：靜岡縣熱海市銀座町6-6
> 🚶 如何抵達：JR「熱海」站步行約15分
> 🕐 營業時間：每家商店不同　定休日：每家商店不同

　　熱海銀座商店街離熱海車站稍遠，較靠近熱海陽光海灘。馬路兩旁約170公尺長的街道上有約38家店舖，同樣是以伴手禮商店及餐廳為主。商店街的招牌瀰漫著懷舊氣氛與新式咖啡店等融合出獨特風情。

1 2 3　　1+2+3.馬路兩旁是一列商店及餐廳。

在路上自製溫泉蛋的小趣味《小澤之湯》

> 地址：静岡県熱海市銀座町14地内
> 如何抵達：湯～遊～巴士「大湯間歇泉」站步行約3分
> 營業時間：24小時開放　定休日：無
> 網址：https://www.city.atami.lg.jp/shisetsu/bunka/1002089/1002092.html

↑位在路上的小小溫泉。

↑10分鐘後會得到全熟的雞蛋。

↑提供煮蛋的器具。

↑可在對面的天神酒店購買生雞蛋。

↑將雞蛋放進去蒸熟。

　　走在熱海的街道上偶爾會遇見在冒煙的溫泉，原來市內設置了7個曾是天然溫泉源泉讓遊客了解當地歷史文化，稱為「熱海七湯」。大部分源泉都只能觀賞用，唯有「小澤之湯」開放製作溫泉蛋。

　　「小澤之湯」設置好蒸雞蛋的篩子、湯匙，還有冷水水龍頭及垃圾桶，非常方便。遊客可以自備生雞蛋或到附近的「天神酒店」購買。打開厚重的木蓋子，要小心熱騰騰的蒸氣，把生雞蛋放進去，蓋上木蓋等約7~10分鐘（視想要的蛋黃熟度)，就可獲得一顆溫泉蛋了！也因為蒸煮好的雞蛋很燙，請先用冷水降低溫度後再享用。能坐在路邊吃著蛋，也是熱海旅行獨有的體驗呢！

懷舊遊戲機台大集合《桃山館》

⌂ 地址：靜岡縣熱海市桃山町1-5
🚶 如何抵達：JR「熱海」站步行約11分
🕐 營業時間：11:00~17:00　定休日：星期三
🌐 網址：https://www.instagram.com/retrocafe_momoyamakan/

縱使日本已踏入令和年代，熱海卻似乎仍停留在昭和，既然保留了古早氣氛，乾脆就把這變成賣點吧！桃山館正是以懷舊為主題的新設施，2024年8月才開幕，裝潢看起來還是簇新，卻擺放了許多讓五六年級生懷念、小孩子卻覺得新鮮的遊戲機台。

桃山館1樓是遊戲中心，從投幣式電動車、氣墊球到搖控賽車等，大人小孩都可以一起玩。2樓則有咖啡廳及祭典遊戲區，在日本老歌的音樂下，享用傳統喫茶店料理，一旁還有祭典才有的遊戲攤位，不只小孩玩到捨不得走，大人的童心也會被勾起。

↑館內有祭典遊戲攤位。

| 1 | 2 |
| 3 | 4 |

1.各式懷舊遊戲機台。
2.戶外天台設有一些兒童電動車。
3.大人小孩都適合玩的遊戲。
4.還有各種懷舊物品展示。

@ 熱海特色美食精選

來到熱海一定不怕餓，只怕胃口不夠大，吃不完所有美食。熱海車站周邊有許多餐廳，商店街內更是有各式各樣的外帶小吃及甜點，無論是想入座用餐，還是邊走邊吃都可，豐儉由人。而且為了吸引客人，店家也費盡心思想出噱頭，很多網美店適合打卡，可以看到日本年輕人都在排隊等待。

傳統乾海產與洋式烹飪的創意料理
《Himono Dining かまなり》

⌂ 地址：靜岡縣熱海市銀座町11- 6
🚶 如何抵達：JR「熱海」站步行約13分
🕐 營業時間：8:00~16:00 定休日：星期二、星期三
🌐 網址：https://kamanari.jp/

位置面海的熱海，不只能品嚐到新鮮海鮮，能長期保存的乾海產也是當地特產。這家在2023年1月才開業的新餐廳正是主打以乾海產製作的料理，自然簡約風裝潢，完全看不出是由營業160年的熱海乾海產老舖「釜鶴ひもの店」所營運。

菜單主打烤魚、漢堡等洋式料理，午餐套餐包含前菜盤、沙拉、湯、主食及飲料。從前菜開始就有各種使用乾海產的創意料理，我選了香草烤焗魚乾為主菜，經過熟成的魚肉味道更濃郁及紮實，沒想到橄欖油及香草與魚乾竟然也很搭，一掃我對於乾海產老派、單調的印象。

↑
除了用餐還可採買各種伴手禮。
←
店外印有引人注目的魚乾圖案。
→
以洋式手法烹調魚乾。

當地名物金目鯛熬煮拉麵湯頭《熱海 Golden Eye》

⌂ 地址：静岡県熱海市咲見町12-8
🚶 如何抵達：JR「熱海」站步行約8分
🕐 營業時間：11:00~15:00、16:30~18:00 定休日：星期三
🌐 網址：https://golden-eye.jp/

　　金目鯛魚為熱海、伊豆一帶的特產，因此當地許多餐廳都有相關的料理，但把金目鯛魚熬煮成拉麵湯頭應該只有這家了。以金目鯛、鯛魚骨、伊豆產柴魚片調配，湯頭鮮美，沒有豚骨的油膩，也沒有魚乾的腥臭，而是獨一無二的濃郁滋味。搭配滑順的細麵、薄切叉燒肉、溏心蛋、筍乾，成為一碗完美的拉麵。

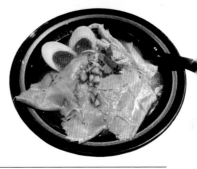

→
拉麵上鋪著大片叉燒肉。

人氣排隊奶油紅豆麵包《ATAMI BUTTER AN》

⌂ 地址：熱海市田原本町5番11号
🚶 如何抵達：JR「熱海」站步行約2分
🕐 營業時間：10:00~18:00定休日：不定休
🌐 網址：https://www.atami-butter-an.com/

　　在熙來攘往的熱海站前商店街，看排隊人潮就知哪家受歡迎，這家店開業短短3年已成為代表性美食。由百年和菓子老店「又一庵」帶來的新品牌，把紅豆泥結合奶油，製作成各種新式甜點。招牌商品是奶油紅豆麵包，小小一個就要400日幣不太便宜，但物超所值。鬆軟的麵包內含大量綿密的紅豆泥，鹹甜的奶油中和了紅豆的豆味，變得更易入口。雖然滿口紅豆卻不會太甜，輕鬆就能吃完一整個。

奶油紅豆麵包的賞味期限只有一天！

內餡紅豆泥飽滿！

←
左：還有販售許多紅豆口味的點心。
右：總是看到排隊人潮。

四代目傳人的創新和菓子
《常盤木羊羹店總本店》

> ⌂ 地址：静岡県熱海市銀座町9-1
> 🚶 如何抵達：JR「熱海」站步行約15分
> 🕐 營業時間：10:00~18:00 定休日：無
> 🌐 網址：https://tokiwagi-yohkanten.com/

從大正年代就開業的和菓子老舖「常盤木羊羹店」，由第四代前澤龍也先生接手。為了繼承老字號招牌並且發揚光大，前澤先生曾加入藝人事務所，又去加拿大留學，甚至到牛郎店工作吸收不同經驗，店內就可看到他搶眼的照片。

或許正是這些豐富的工作經驗所帶來的靈感，不侷限在傳統點心的框架，而是在招牌的羊羹下，設計出嶄新甜點──最中馬卡龍。粉色的最中外殼就像馬卡龍，還有心型、星型不同形狀，夾著濕潤的豆沙餡，可愛的賣相俘虜不少女生的心，還拿下第26回全國菓子大博覽會全菓博榮譽大賞。

↑
左：在櫥窗可看到老闆搶眼的照片。
右：和菓子款式多樣又好看。

熱海原創！
文青雜貨尋寶

走在熱海路上不是吃喝的餐廳，就是街坊鄰居愛逛的日用品商店，似乎沒什麼好買。其實，只要鑽進巷弄，竟然有數家小店販售原創雜貨，就能買到熱海獨家的文創商品。

不輸潮牌的時尚度！
《新熱海土產物店 NEW ATAMI》

↑店內保留懷舊氣氛卻顯時尚。

藝廊、選物、咖啡店三合一
《熱海分福》

↑粉紅色的店面有種柔和可愛的感覺。

搖滾貓咪周邊商品
《 泥貓俱樂部 》

⌂ 地址：静岡県熱海市渚町25-4 パレアナビル 1F
🚶 如何抵達：JR「來宮」站步行約17分
🕐 營業時間：11:00~17:00　定休日：星期一
🌐 網址：https://muddycatclub.com/

石牆外觀、搖滾風的店名與標誌，要不是擺放了寫著「雜貨」的旗幟，路過時絕對會以為是酒吧。事實上，這是2024年2月才開幕的貓咪主題雜貨店和咖啡店，店主原本在熱海經營了一家酒吧 Muddy Cat，店內的貓咪 Michiru 吸引很多客人光顧，以它為設計的周邊商品也大受歡迎，因而另外開設這家分店。

店內空間不大，兩列貨架擺滿約300種不同品牌的貓咪雜貨，還有一系列貓咪 Michiru 的立牌、明信片等，採用搖滾風酷酷的設計，形成有趣的反差。雖然在這家店不會見到貓咪，但各種貓咪商品還是很值得貓奴來選購。

←店舖招牌看起來不會聯想到是雜貨店。

⌂ 地址：静岡県熱海市銀座町8-13 ロマンス座1F
🚶 如何抵達：JR「熱海」站步行約15分
🕐 營業時間：11:00~17:00　定休日：星期三
🌐 網址：https://newatami.com/

從熱海銀座商店街拐進去，一家由老電影館改建的小店，擺滿了各種雜貨和衣服。他們以舊日情懷的熱海為主題來進行設計，例如傳統飯店房間的掛牌、鑰匙牌、寫著熱海溫泉字樣的毛巾、T恤、馬克杯，看起來復古卻不俗氣。不說的話，還以為是哪個潮牌的商品，很適合作為旅行的紀念和伴手禮。

→
上：以飯店鑰匙牌為靈感的商品。　下：熱海主題T恤很酷。

⌂ 地址：静岡県熱海市渚町11-13
🚶 如何抵達：伊豆箱根巴士「銀座［海岸］」站步行約1分
🕐 營業時間：星期日~四11:00~17:00、星期五~六11:00~18:00
　定休日：不定休
🌐 網址：https://atamibunbuku.com/

在2023年3月開業的「熱海分福」，小小的店面兼具藝廊、選物店及咖啡店，牆壁上掛著藝術家的作品，並會不定期舉行各種展覽。另一面的貨架則販售店家原創商品及手作商品等，可以找到許多特別的雜貨。走進最裡面的小吧檯則可購買飲料，可以一邊喝著飲料一邊選購。

→
上：販售獨特的日本雜貨。下：牆壁上會展示藝術作品。

Part. 2

車程時間→1小時～2小時　適合行程→2天1夜

睡一晚，
再繼續玩的行程

日本一の磨崖仏

地獄のぞき

PRESS　Train de Luxe

那珂湊
なかみなと
Nakaminato

← たかだのてっきょう　　とのやま →
　Takadano-tekkyō　　Tonoyama

CLASS PULLMAN

Nº 4158

← Takadano-tekkyo　Nakaminato　Tonoyama →
　高田鐵橋　　那珂湊　　殿山

保田小

地點→箱根、秩父、富津、輕井澤、常陸那珂市與土浦

不論是開車，或是搭乘大眾運輸工具，都需要一些時間，何不收拾簡單的行囊，到關東近郊住一晚，感受當地的美食、風景，再神清氣爽地返回東京繼續購物～

Karuizawa Commongrounds

Odakyu Hakone

箱根 ロープウェイ
Hakone Ropeway

おおわくだに
大涌谷
Owakudani
標高1044M

2 天 1 夜
Route.
かながわ
1
Kanagawa-ken
Hakone machi

神奈川縣

◎箱根◎

藝術與自然共融的溫泉勝地

↘地圖請掃我！

箱根拉利克美術館Orient Express

箱根玻璃之森美術館

じねんじょ蕎麦 箱根 九十九

POLA 美術館

強羅

箱根雕刻森林美術館

cu-mo箱根

NARAYA CAFE

箱根空中纜車

大涌谷

箱根登山電車

箱根湯本

國道1號

箱根神社

蘆之湖

SUN SAN D

Bakery & Table
箱根

箱根湯本

箱根湯本駅前商店街

Grande Rivière
箱根湯本店 HANARE

菊川商店
箱根てゑらみす

箱根登山電車

湯もち本舗
ちもと 駅前通り店

BUS

箱根是日本國內著名的溫泉地，無論飯店、日式旅館，甚至是民宿，多數會提供溫泉浴池。
雖然部分設施也開放溫泉泡澡服務給未住宿的旅客，只不過都到這裡了，怎麼不住個一到兩
晚再走呢？舒舒服服地泡完溫泉，能消除當天遊玩的疲累，就不要再舟車勞頓返回東京，不
如順道安排隔天的景點，箱根好玩的地方，一天可是逛不完！

〔 交通攻略 〕

上天下海的交通方式！鐵道、公車、纜車，還能坐海盜船！

　　箱根雖然屬於郊區，但交通規劃相對完善，大部分景點都有大眾運輸工具往來，而且班次頻繁，一趟旅程可體驗多種交通方式，可以挑選適合自己的交通工具。現在，就來了解這些交通方式與幾個重點車站，好讓旅行更順暢。

鐵道 ▌ 小田急浪漫特快、箱根登山電車

給東京出發的你！

東京新宿 —— 小田急浪漫特快（約80分鐘車程）—— 箱根湯本車站（小田急電鐵）

給非新宿出發的你！

非新宿出發 —— JR東海道本線或湘南新宿線 —— 小田原車站 —— ①箱根登山巴士 ②箱根登山電車 —— 箱根各個景點

搭車小提醒！

箱根登山電車是山岳鐵道，從箱根湯本到強羅共11站，走完全程約40分鐘，約10~20分鐘一班車。電車車廂寬敞，設有不少座位，方便攜帶行李箱、嬰兒車的人。從車窗可看到山林間的景色，在初夏鐵道旁更綻放著繡球花，很多旅客都為了賞花特地搭電車來箱根呢！

1　2　1.小田急浪漫特快有著舒適寬敞座位。 2.小田急浪漫特快外觀是明亮的紅色。
3　4　3.箱根湯本車站其中一個出入口。 4.箱根登山電車的車廂。

公車 ▌ 箱根登山巴士

　　箱根登山巴士是另一種在箱根遊玩的主要交通方式，優點是車站多，可準確地在景點、飯店前下車。缺點是容易因塞車而出現延遲的狀況，座位不多且空間狹小，山路蜿蜒，路程顛簸，對於帶著長輩或小孩，或是攜帶行李的人可能會較為吃力。

↑巴士的外觀。

纜車 ▎ 箱根登山纜車、箱根空中纜車

箱根的纜車有兩種形式，一種是軌道爬坡的登山纜車，另一種則是用索道吊在半空中的空中纜車。登山纜車來往於強羅車站、早雲山車站，是換乘登山電車及空中纜車的交通方式。

箱根空中纜車是日本全年營運距離最長的索道，4公里的索道只有4個站：早雲山、大涌谷、姥子及桃源台，每站之間約15分鐘車程，乘客可在車廂中從高處俯瞰景色。空中纜車的車票為單程1,500日幣，可中途下車（不可坐回頭），例如在早雲山站上車後，可以隨意在大涌谷下車，觀光完畢後再搭纜車到桃源台站。

請注意！若遇上強風、火山蒸氣噴發等問題，纜車會停駛，出發前先查閱當地天氣及運行資訊。

箱根空中纜車

箱根登山纜車

1 2 3
4 5

1.空中纜車售票口。
2.箱根空中纜車的路線圖。
3.從箱根空中纜車的車廂內可欣賞風景。
4.在早雲山站搭乘箱根登山纜車。
5 箱根登山纜車的內部。

船 ▎ 箱根海盜船

箱根海盜船是橫跨蘆之湖的觀光船，因為船身設計是以17世紀至19世紀中期戰列艦為原型，風格古典華麗，因此有著「海盜船」的稱號。觀光船來往桃源台港口及箱根町港口與元箱根港口，約40分鐘一班，每程約25~40分鐘。無論是在船內參觀或是從船上眺望風景都充滿趣味。

1 2
3 4

1.海盜船裝潢華麗。
2.船內有許多座位。
3.很多乘客喜歡吹海風看風景。
4.此為VIP區域座位。

活用通票更划算！

由於箱根的交通方式多樣，小田急集團也推出各種交通通票或景點通票組合讓旅客選擇，通票可以在網路上事先購買，也可在車站現場購入，詳情請參考官方網站。

通票	通票內容	價格	官方網站
箱根周遊券 （箱根フリーパス）	◉小田急線來回新宿、町田、藤澤至小田原站。 ◉2~3天內自由利用8種交通方式：箱根登山電車・箱根登山纜車・箱根空中纜車・箱根海賊觀光船・箱根登山巴士（指定區間）・小田急高速巴士（指定區間）・東海巴士（指定區間）・觀光設施周遊巴士（箱根登山巴士）。 ◉約70處景點享有門票等折扣優惠。	視出發車站及使用天數而定。 例：新宿出發2天票 成人6,100日幣 兒童1,100日幣	
Hako Ticket （はこチケ）	◉1~3天內可無限次數隨意參觀美術館、水族館、溫泉等指定設施。	視使用天數而定。 例：1天票 成人5,500日幣 兒童2,000日幣	
箱根周遊券「Hako Ticket」plus套票 （箱根フリーパス『はこチケ』プラス）	◉小田急線來回新宿、町田、藤澤至小田原站。 ◉電子版箱根周遊券（內容參考前述）。 ◉Hako Ticket（內容參考前述）。	視出發車站及使用天數而定。 例：新宿出發2天票 成人12,100日幣 兒童3,600日幣	
登山電車・登山纜車・空中纜車「大湧谷」套票 （登山電車・ロープウェイ「大涌谷きっぷ」）	◉小田急線來回新宿、町田、藤澤至小田原站。 ◉2天內箱根登山電車自由上下車。 ◉2天內箱根登山纜車自由上下車。 ◉2天內箱根空中纜車自由上下車（在大湧谷車站～桃源台車站之間搭乘時，需另外加價）。 ◉箱根強羅公園免費入場。	視出發車站而定。 例：新宿出發 成人5,180日幣 兒童1,080日幣	
箱根登山電車1日券 （箱根登山電車1日乘車券「のんびりきっぷ」）	◉1天內箱根登山電車自由上下車。 ◉箱根強羅公園免費入場。	成人1,580日幣 兒童500日幣	
海賊船・登山纜車套票 （海賊船・ロープウェイ乗り放題パス）	◉1~2天內箱根空中纜車自由上下車。 ◉1~2天內箱根海賊觀光船自由上下船。	成人4,000日幣 兒童980日幣	

◎ 箱根美術館巡禮探索藝術

　　前往日本的溫泉地旅行時，搭配的常見景點都是神社、大自然風景。其實，箱根有多所美術館，能沉浸在不同主題的藝術世界中，心靈與視野也能得以拓展。這些美術館更利用環境優勢，在開闊的環境裡漫步並欣賞作品，就算不熟悉藝術文化也不會感到無聊。

欣賞現代藝術與名畫《POLA 美術館》

> ⌂ 地址：神奈川縣足柄下郡箱根町仙石原小塚山1285
> Ⓐ 如何抵達：箱根登山巴士「POLA美術館」巴士站步行約1分 / 免費接駁巴士來往強羅站與POLA美術館（每日13班次，約30分鐘一班）
> ⏰ 營業時間：9:00~17:00 定休日：無
> 🌐 網址：https://www.polamuseum.or.jp/tw/

　　以彩妝聞名的POLA品牌，透過POLA美術振興財團支援文化藝術，並在箱根設立這家美術館，展出約一萬件藝術品，其中印象派繪畫藏品更是日本最大規模，可欣賞到莫內、畢卡索、藤田嗣治等著名藝術家的作品，也會不定期舉行各種主題展覽。

　　館內裝潢與品牌形象一樣有著時尚氣息，挑高的空間明亮且充滿開放感，多面落地玻璃窗讓人感受到室外的樹木景色與柔和的陽光，達到「箱根的自然與藝術的共生」的概念。在室外更設有林蔭步道，並放置藝術品，穿梭於寧靜的綠樹間欣賞展品別有一番感覺。

↑
上：美術館內設有咖啡廳。
下：筆者到訪時遇見的藝術展覽。

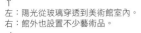
↑
左：陽光從玻璃穿透到美術館室內。
右：館外也設置不少藝術品。
→
美術館原創周邊商品也很好看。

在東方快車中享用茶點
《箱根拉利克美術館 Orient Express》

☆ 地址：神奈川県足柄下郡箱根町仙石原186番地1
🚶 如何抵達：箱根登山巴士「箱根仙石案內所」巴士站步行約2分
🕐 營業時間：10:00~15:20（每天時間不一，請參考官方網站）
定休日：每月第3個星期四
🌐 網址：https://www.lalique-museum.com/orient_express/

　　美術館以珠寶與玻璃作品為主題，可欣賞到法國工藝藝術家雷內‧拉利克的名師之作。最受旅客注目是東方快車的展示。作為在1880~1970年間運行的歐洲長程列車，還很常出現在小説、電影等通俗文學中，獨具文化意義。遊客可以欣賞到千里迢迢從歐洲搬運到箱根的實際車廂。

　　東方快車的展示與美術館展覽分開入場及收費，無預約制，需現場候位，體驗價格為2,750日幣，附甜點及一杯飲料。進入車廂前，需先觀賞東方快車的歷史與運送到箱根的講解影片，接著便會安排入座及用餐，工作人員會在門票寫上「下車」時間，在車廂內可逗留約40分鐘，到了指定時間便要自行離開。在富有藝術價值的空間中，眼福與口福都同時滿足。

精緻的燈罩、雕刻玻璃，搭配復古花紋的椅子，彷彿一場真實的歐洲列車旅行。

↑好吃的聖代！香草與抹茶冰淇淋搭配巧克力堅果蛋糕、水果，味道清爽而口感豐富。

←
由設計師雷內‧拉利克打造的葡萄與人像雕刻裝飾。

↑：
左：車廂入口，從日本瞬間抵達歐洲。
右：車廂保存得很好，看起來仍然簇新。
↓
東方快車的車廂外觀。

←
每位乘客的「車票」上
都有下車時間。

大人小孩都能享受的體驗型藝術公園
《箱根雕刻森林美術館》

- 🏠 地址：神奈川縣足柄下郡箱根町二ノ平1121
- 🚶 如何抵達：箱根登山電車「彫刻の森」站步行約2分
- 🕐 營業時間：9:00~17:00　定休日：無
- 🌐 網址：https://www.hakone-oam.or.jp/zhhant/

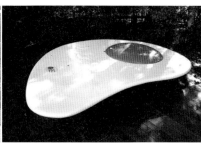

1	2	3	6
4			
5			7

1.各種獨特的雕塑作品。
2.煎蛋椅子既是藝術品也可坐下休息。
3.畢卡索館展出300多件展品。
4.欣賞雕刻作品啟發思維。
5.供小孩遊玩的繩網設施。
6.迷宮也是一個藝術品，務必要走進去體驗。
7.看點之一的彩繪玻璃雕塑塔。

箱根雕刻森林美術館是日本首座以雕刻作品為主題及設在戶外的美術館，佔地7萬平方公尺的公園中陳列約120件作品。特地邀請雕刻家井上武吉設計，希望創造一個雕刻與自然融為一體，讓人們能與藝術在自然中交流的地方。

作品散落在館中不同地方，沒有指定的參觀路線，可隨意一邊散步一邊欣賞四周的雕刻。還有多個室內主題設施，例如本館藝廊、畢卡索館，讓小孩可以盡情攀爬的Woods of Net等等，大人小孩都會找到樂趣。走累了也有咖啡廳及免費足湯可以休息。建議安排1~2小時慢慢遊覽，並選在天清氣朗的日子前往，以免被雨水影響參觀體驗。

閃閃發光的優美庭園《箱根玻璃之森美術館》

🏠 地址：神奈川県足柄下郡箱根町仙石原940-48
🚶 如何抵達：箱根登山巴士「箱根玻璃之森美術館」巴士站步行約1分
🕐 營業時間：10:00~17:30　定休日：無
🌐 網址：https://www.hakone-garasunomori.jp/zh-tw/

　　箱根玻璃之森美術館分室內展覽與戶外庭園，威尼斯玻璃藝術與箱根的大自然相結合，加上歐陸風設計的小屋，營造出優雅舒適的氛圍。園內擺設了各種玻璃飾品，一踏進園區會馬上被閃爍的玻璃隧道所吸引，一串串玻璃片在陽光下反射出光芒，既瑰麗又氣派，成為必拍的景致。館內還有餐廳、商店及手作坊，在庭園散步、欣賞獨特的玻璃展品，度過一段悠閒的時光。

↑
庭園擺設不少特別的玻璃作品。

↑
上：室內展示空間有著古典氛圍。
下：美國玻璃藝術家戴爾‧奇胡利的作品。
→
上：玻璃隧道融合庭園環境。
下：閃爍的玻璃稻穗。

熱門打卡水上鳥居《 箱根神社 》

⌂ 地址：神奈川県足柄下郡箱根町元箱根80-1
🚶 如何抵達：箱根登山巴士「箱根神社入口」站步行約13分
🌐 網址：https://hakonejinja.or.jp/

←
九頭龍神社的
龍神水舍。

must know

小提醒！ 水上鳥居又名為「和平之鳥居」，為了紀念1952年今上陛下的立太子儀式以及日本獨立時簽訂的和平條約而建造。

箱根神社的水上鳥居可是當地的人氣No.1景點，在平日早上9點多抵達，就排了長長的人龍，為了能站在鳥居中央來張獨照。想要拍照要有等候1~2小時的心理準備。巨大的紅色鳥居佇立於湖上，波平如鏡的水面與樹木的映襯下有種神聖的感覺。如果想要欣賞鳥居的正面，建議搭乘觀光船在湖面上觀看。

神社的歷史源遠流長，可追溯至1191年，以保佑開運厄除、心願成就、交通安全和姻緣而聞名，許多日本著名武將都對此地表達尊崇。境內設有九頭龍神社（新宮），九頭龍大神來自於傳說，古時曾有毒龍欺負蘆之湖的居民，箱根大神使其受降並改變，從此守護著當地。神社旁有一個龍神水舍，從9匹龍像中流出來自箱根山的山水，可拿寶特瓶裝回家，據説含在口中淨化治癒之效（需煮沸後再飲用）。

↑
早上已見排隊人潮等候與鳥居拍照。
←
船上拍攝的鳥居。

踏足火山吃長壽黑雞蛋《大涌谷》

> 🏠 地址：神奈川県足柄下郡箱根町仙石原1251-1
> 🚶 如何抵達：箱根空中纜車「大涌谷」站步行約1分
> 🕐 營業時間：9:00~17:00　定休日：無（會依天氣情況而禁止開放）

↑
大涌谷名物黑雞蛋的擺設。

箱根因為火山活動成為溫泉地，而大涌谷則是在3千年前噴發而出現。這裡一片赤茶色的地表，還會噴出蒸汽，彌漫著硫磺氣味，荒涼的景象讓它又有「地獄谷」之名。近年常有因火山噴發預警而禁止通行的情況，出發前建議先了解當地狀況。

大涌谷位於海拔1,044公尺，可利用空中纜車及駕車前往。在纜車站周邊設有數家餐廳及伴手禮商店，提供各種地獄主題的黑色食物，其中最有名是黑雞蛋，以溫泉水煮成，因為蛋殼上的鐵成分與硫磺產生化學反應而變成全黑。其實只是普通水煮蛋的味道，當地流傳吃一顆能延長7年壽命，信不信由你囉！

↑
左：大涌谷有著與眾不同的山景。
右：火山地表持續噴出蒸汽。
→
左：雞蛋殼黑得像一顆石頭。
右：還有販售其他黑雞蛋主題的點心。

↑
夏季限定的大文字山景。

纜車站的休憩瞭望台
《cu-mo 箱根》

> 🏠 地址：神奈川県足柄下郡箱根町強羅1300
> 🚌 如何抵達：箱根空中纜車／登山纜車「早雲山」站步行約1分
> 🕐 營業時間：9:00~16:00　定休日：無
> 🌐 網址：https://www.hakoneropeway.co.jp/cu-mo-hakone/

在空中纜車及登山纜車的換乘車站「早雲山站」，於2020年翻新後開設了這個時尚的設施免費開放給遊客使用。在戶外平台能眺望箱根外輪山及強羅景色，還設有足湯。室內則有商店販售伴手禮及原創商品，也提供簡單的甜點及飲料。招牌飲料是在水果冰沙上放一大團棉花糖，猶如可愛的雲朵。冰沙味道清爽，混著脆片增加口感，喝著冰沙泡足湯更享受！

↑
從瞭望台欣賞風景。
←
吸睛的棉花糖水果冰沙。

◎ 箱根美食精選名單

箱根雖然沒有代表性美食，卻也囊括了日式、洋式、甜點各式餐點，如果不知怎麼選擇，以下精選幾家人氣名店，歡迎大家收入口袋。

店內手作的超厚奶油餅乾
三明治《SUN SAN D》

> 🏠 地址：神奈川県足柄下郡箱根町元箱根37
> 🚌 如何抵達：箱根登山巴士「箱根神社入口」站步行約1分
> 🕐 營業時間：10:00~17:00　定休日：不定休
> 🌐 網址：https://sunsan-d.com/

由當地溫泉旅館「和心亭豊月」開設的奶油餅乾三明治專門店，為遊客帶來伴手禮新選擇。點心以外帶為主，店外設有兩張桌子可以現場享用。奶油餅乾三明治都在店內製作，可透過櫥窗窺見甜點師擠奶油等過程。有原味、雙重巧克力、開心果與莓果、抹茶口味，兩片鬆脆的餅乾夾著厚厚的奶油，絲滑的奶油入口即化，小小一個就很滿足。

←
滿滿巧克力奶油卻不甜膩。

療癒身心的足湯咖啡廳《NARAYA CAFÉ》

🏠 地址：神奈川県足柄下郡箱根町宮ノ下404-13
🚃 如何抵達：箱根登山電車「宮ノ下」站步行約2分
🕐 營業時間：10:30~17:00（即使沒有預約也可入席）　定休日：星期三、每月第四個星期四
🌐 網址：https://naraya-cafe.com/

　　出外旅行每天走上一兩萬步是必須，消解雙腿的疲累最好來泡足湯吧。NARAYA CAFÉ是一家提供足湯的咖啡廳，只要點餐就能免費使用。來自宮之下溫泉的泉水，舒緩腳部肌肉。其中設置一排面山的座位，在樹木的包圍下享用餐點。足部在放鬆，抬頭是綠油油的景色，再來一口甜點，身心都能盡情休息。

人氣最高的自家製最中！

→可愛的葫蘆型外皮，豆泥有4種口味，可以自行選擇一款抹到外皮上，鬆脆口感，搭配抹茶更佳。

↑
看著山景吃甜點特別放鬆。

在時尚空間享用山藥蕎麥麵
《じねんじょ蕎麦 箱根 九十九》

🏠 地址：神奈川県足柄下郡箱根町仙石原917-11
🚌 如何抵達：箱根登山巴士「川向」巴士站步行約3分
🕐 營業時間：10:00~20:00　定休日：無
🌐 網址：https://www.hakone-soba.com/

　　九十九主打的是日本傳統美食蕎麥麵，店舖裝潢卻採用南歐度假村風格，藍色的天花板與純白的牆壁，座位寬敞，時尚空間吸引許多遊客來用餐。

　　其蕎麥麵的麵條以日本產蕎麥粉製作，搭配自家調配的沾麵汁，建議點山

眺望蘆之湖品嚐冠軍麵包《Bakery & Table 箱根》

⌂ 地址：神奈川縣足柄下郡箱根町元箱根9-1
🚶 如何抵達：箱根登山巴士「箱根神社入口」站步行約1分、箱根海盜船「元箱根港」碼頭步行約2分
🕐 營業時間：9:00~17:00 定休日：無
🌐 網址：https://www.bthjapan.com/hakone.php

　　Bakery & Table主要集中在箱根及靜岡縣一帶展店，這家分店位在蘆之湖畔，樓高3層並面向美麗的湖景。1樓是麵包店，客人選購麵包後，可在店外的足湯區或2、3樓的坐位享用。2樓設有咖啡店提供簡單的飲料，3樓的咖啡店「Coffee & Vista HAKONE」則提供更講究的自家烘焙咖啡。內用區也有免費取用的餐具，並設有烤箱可以復熱麵包，非常貼心。店內麵包款式多樣，招牌咖哩麵包更曾在日本咖哩麵包大賞2024中奪冠。

以箱根傳統工藝發想的「箱ね」麵包！
宛如寄木細工的設計，四方型的丹麥麵包內有培根及蔬菜粒。

每口都帶來驚喜的咖哩麵包！
米粉製作的QQ麵包＋脆米果點綴＋彈牙的蛋黃＋爆醬咖哩。

↑
2樓靠窗的座位可眺望湖景。

　　藥泥套餐。滑溜溜的山藥泥無論搭配麵條或是麥飯都可使口感變得爽滑，而且具有高營養效用。天婦羅也用料實在，兩隻大蝦與多種蔬菜、魚塊，外皮炸得鬆脆，十分有飽足感。

←
左：別於傳統蕎麥麵店的裝潢，時髦得如身處咖啡廳。
右：豐富的山藥泥蕎麥麵套餐。

◇ 點 心 特 輯 ◇
箱根湯本商店街·伴手禮點心精選

在箱根湯本車站周邊的商店街是當地最大的溫泉街，整條街上都是伴手禮商店及餐廳，加上鄰近溫泉旅館，總是有很多住宿旅客前來購物，非常熱鬧。這裡可找到箱根熱門的伴手禮品牌，若不想提著大包小包旅行，不妨在離開箱根前，好好安排在商店街掃貨的時間。

↑
可以選購各式各樣的點心。
→
上：街道上一家家商店及餐廳。
下：也有老派的伴手禮店。

軟綿綿麻糬《湯もち本舗 ちもと》

⌂ 地址：神奈川縣足柄下郡箱根町湯本690
Ⓐ 如何抵達：小田急線·箱根登山線「箱根湯本」站步行約5分
🕐 營業時間：9:00~17:00 定休日：不定休
🌐 網址：https://www.yumochi.com/

麻糬、大福是日本和菓子的經典款，但 CHIMOTO 的湯麻糬卻有著特殊的軟綿口感。已有 70 年歷史的和菓子老舖，獨自研發出湯麻糬，使用日本產糯米製作的白玉粉，揉製成柔軟的麻糬並加入羊羹粒。麻糬帶有淡淡的柚子香氣，口感近似棉花糖，讓人聯想到浸泡在溫泉中的滑嫩肌膚。

←
每顆麻糬以竹葉精心包裝。

宵夜甜點最適合《湯箱根てゑらみす》

> 🏠 地址：神奈川縣足柄下郡箱根町湯本706-1
> 🚶 如何抵達：小田急線・箱根登山線「箱根湯本」站步行約2分
> 🕐 營業時間：10:00~17:00 定休日：星期三
> 🌐 網址：https://www.hakone-teramisu.com/

是提拉米蘇專門店，也因為是新品牌，店舖有著年輕時尚風格。經過改良的提拉米蘇，以玻璃瓶盛裝，也有抹茶、草莓、巧克力等多種口味選擇。使用北海道馬斯卡彭起司製作，味道偏甜容易入口。因為提拉米蘇需要冷凍，除了在現場享用，帶回飯店泡完溫泉當宵夜也不錯。

←
巧克力口味的提拉米蘇有多種層次。

現場烤製的溫泉饅頭《菊川商店》

> 🏠 地址：神奈川縣足柄下郡箱根町湯本706
> 🚶 如何抵達：小田急線・箱根登山線「箱根湯本」站步行約2分
> 🕐 營業時間：9:00~18:00 定休日：星期四
> 🌐 網址：https://www.instagram.com/hakone_manju_kikugawa/

來到溫泉街不可不嚐溫泉饅頭，通常溫泉饅頭是利用溫泉的蒸氣來蒸製，但菊川商店的特色是以烤製方式，而且還由機器在店頭自動製作。小小的溫泉饅頭是以卡士達的麵皮包裹白豆沙，類似今川燒（車輪餅）的口感，路過時可以買一個解嘴饞。

←
小小的溫泉饅頭可一口吃完。

種類繁多的吐司餅乾《Grande Rivière 箱根》

> 🏠 地址：神奈川縣足柄下郡箱根町湯本699-1
> 🚶 如何抵達：小田急線・箱根登山線「箱根湯本」站步行約3分
> 🕐 營業時間：10:00~18:00 定休日：無
> 🌐 網址：https://hakonerusk.com/

Grande Rivière 箱根是吐司餅乾專門店，本店位在仙石原，在箱本湯本商店街有兩家分店。以自家調配的麵粉製成法棍麵包，再切成薄片，塗上奶油及各種調味烤至硬脆。餅乾口味選擇很多，焦糖杏仁脆片、格雷伯爵茶、蒜味、羅勒葉，也有期間限定的口味。

→
秋季限定的榛果口味。

2 天 1 夜

Route.
さいたま **2**

Saitama-ken
Chichibu-shi

埼玉縣

《 秩父 》

感受大自然與能量

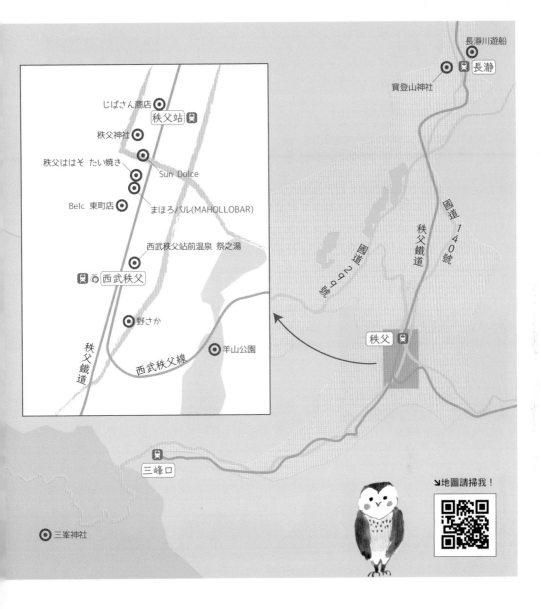

長瀞川遊船

◎ 🚉 長瀞

寶登山神社

じばさん商店 ◎
秩父站 🚉

秩父神社 ◎

秩父ははそ たい焼き ◎
◎ Sun Dolce

Belc 東町店 ◎
まほろバル(MAHOLLOBAR)

西武秩父站前温泉 祭之湯 ◎

🚉 🚻 西武秩父

野さか ◎

◎ 羊山公園

西武秩父線

秩父鐵道

國道299號

秩父鐵道

國道140號

秩父 🚉

🚉 三峰口

◎ 三峯神社

↘地圖請掃我！

從池袋搭乘鐵道只要 1 小時 20 分鐘，從商場林立的城市景色慢慢變成綠意。秩父有著豐富大自然、能量景點，街道充滿懷舊氣氛，而且還是知名的動漫聖地，匯聚不同元素。景點主要分佈在秩父車站與長瀞周邊，兩者之間約 20 分鐘的鐵路車程，交通方便好像一日遊也行，但若是能住上一晚，就能悠哉的走遍兩個地方。

2011 年，人氣動漫《未聞花名》以秩父為取景地，播出後可是掀起一股聖地巡禮熱潮，當時我也特地去探訪人物角色走過的地點。發現秩父真的與動漫世界一樣簡樸又人煙稀少，沒留下什麼印象。時隔十多年再訪，這次作為遊客漫步於街上，才體會到這裡有滿多值得探索的景點。

一年一度的粉紅盛典《羊山公園芝櫻祭》

⌂ 地址：埼玉県秩父市大宮6314
🚶 如何抵達：西武鐵道「西武秩父」站步行約20分
🕐 營業時間：8:00〜17:00 定休日：無
🌐 網址：https://navi.city.chichibu.lg.jp/p_flower/1808/

　　櫻花季來去匆匆，對外國旅客來說，安排追櫻行程就像一場賭博。如果剛好錯過了粉嫩的櫻花，沒關係，還有鮮艷亮麗的芝櫻可以彌補遺憾。

　　不過，芝櫻正確來說不是櫻花，而是繡球屬的品種，因為長得很像櫻花才被改了個容易讓人誤會的名字。無論如何，芝櫻祭説是秩父一年一度的盛事。從西武秩父車站出來，就能看到多個指示牌，沿著指引走過一段陡斜的山路後即是活動會場。

　　羊山公園有一片約17,600公尺的芝櫻之丘，種滿40萬株不同顏色的芝櫻，粉紅、粉紫、白色深淺交織出繽紛的花海。因為花田格外廣闊，即使是在週末且盛開的日子前往也不算擁擠，可以好好賞花。會場周邊還有市集活動，多家攤販提供埼玉美食，氣氛熱鬧無比。

↑公園內有小吃店供遊客休息。
↓顏色深淺不一的芝櫻形成美麗花田。

從河上眺望四季景色《長瀞川遊船》

🏠 地址：埼玉県秩父郡長瀞町長瀞489-2
🚶 如何抵達：秩父鐵道「長瀞」站步行約3分
🕐 營業時間：9:00～16:00　定休日：無
🌐 網址：https://www.chichibu-railway.co.jp/nagatoro/boat.html

觀看重點：岩疊！

寬約80公尺、長約500公尺的巨型岩石被指定為日本特別天然記念物。

　　來到長瀞不可錯過這項特色活動，長瀞溪谷全長約6公里，兩岸自然景色風光旖旎，春天櫻花、秋天紅葉，四季變化帶來不同美景。長瀞川遊船主要在3月~12月運行，1~2月則會改為乘坐被爐船（如同暖桌）。遊船主要有2個行程，乘客會坐在木船中，由船伕一邊划船一邊介紹，受到水流影響，途中有時會變得急速，水花四濺，可同時享受賞景與激流的刺激，充滿趣味。

↑坐在船上看風景更有風情。

145

秩父的三大能量景點

秩父神社、三峯神社及寶登山神社並稱為「秩父三社」，是關東地區首屈一指的古老神社。不只歷史悠久，境內景色優美，芬多精與能量同時吸取，不管靈不靈驗也會感到精神抖擞！

秩父地區的總本社《秩父神社》

> ⌂ 地址：埼玉県秩父市番場町1-3
> 🚶 如何抵達：秩父鐵道「秩父」站步行約3分
> 🌐 網址：https://www.chichibu-jinja.or.jp/

1592年由德川家康奉納的社殿保留至今，華美的權現造樣式呈現江戶時代初期建築的風采。精細的雕刻由同樣打造日光東照宮的知名工匠「左甚五郎」所製作，還隱藏著一個有趣的巧思，對比日光東照宮的非禮勿聽，非禮勿言，非禮勿視的「三猿」，在秩父神社可以找到多聽、多言、多看的「元氣三猿」，欣賞建築的同時，請試著找尋這三隻可愛的猴子！

秩父神社內還有一項名物：水占卜。籤文印在特製紙張上，只要沾水便會顯現文字，可放在旁邊的池中來測試運氣。

秋天的落葉也想看結果！

↑
上：進入神社後先去社殿參拜。
下：對比日光東照宮的「元氣三猿」。
←
左：水占卜的籤紙。
右：放進水裡隱隱出現文字。

↑
秋季到訪可看到紅葉及銀杏。
→
其他季節是一片綠意。

147

名人也趨之若鶩的「氣」御守《三峯神社》

🏠 地址：埼玉県秩父市三峰298-1
🚶 如何抵達：西武鐵道「西武秩父」站乘搭西武觀光巴士急行便，「三峯神社」站下車
🌐 網址：https://www.mitsuminejinja.or.jp/

　　三峯神社位於海拔1,100公尺的山區中，如果搭乘交通工具前往請做好心理準備，只能從西武秩父站搭乘公車，車程需75分鐘，抵達社殿前還要走一大段山路，但為了關東最強能量景點，即使位置偏遠仍有許多信眾專程前往。

　　三峯神社供奉著日本神話中開天闢地的神祇伊耶那岐命與伊耶那美命，並以狼為守護使者取代狛犬。傳說神社所在地是風水學上的「龍穴」，龍脈流動之地蘊藏著巨大能量。難怪光是漫步在高聳的樹木間進行森林浴、眺望連綿起伏的山岳就足以療癒身心。

　　最受歡迎的是「氣守」，御守上寫著大大的「氣」字，寓意帶來勇氣、元氣和行動力，引領勝利與成功，據說花式滑冰選手淺田真央、搞笑藝人山里亮太等許多日本名人都特地來入手御守。

↑
從山上眺望風景感覺舒暢。
← 知名的「氣」御守有不同顏色。

↑
上：位在參道的日本武尊銅像。
下：三峯神社本殿。

乘搭纜車看美景《寶登山神社》

⌂ 地址：埼玉県秩父郡長瀞町長瀞1828
🚶 如何抵達：秩父鐵道「長瀞」站步行約6分
🕐 寶登山纜車營業時間：9:40～16:30 (梅花、紅葉季節等會延長) 定休日：無
🌐 網址：https://www.hodosan-jinja.or.jp/

寶登山神社同樣也有2000年歷史，據說民族英雄日本武尊途經此處時遇上大火，卻大難不死，於是建造了這所神社，因此被認定為可保佑免受火災、消災避邪。

以「火紅」的紅葉聞名，秋季時境內被華麗的紅葉環繞，旁邊還有纜車登上山頂。約5分鐘的車程，纜車緩緩地上升，把紅葉美景盡收眼底。在寶登山的山頂設有梅花園、小動物園等觀光景點，晴朗之日來此地俯瞰景色教人心曠神怡。

1　2
　3

1.山頂奧宮周邊的景色。
2.寶登山神社入口的鳥居。
3.神社的本殿。

↑
介紹神社的祭神。
←
小槌造型御神籤。

扎根秩父的義式冰淇淋《SUN DOLCE 秩父番場店》

🏠 地址：埼玉県秩父市番場町4-8
🚶 如何抵達：秩父鐵道「秩父」站步行約3分
🕐 營業時間：11:00～17:00　定休日：星期三、四
🌐 網址：https://sun-dolce.jp/

↑
左：日本藝人「平野紫耀」也吃過的口味。
右：用新鮮草莓製作口味清爽。

　　走在秩父的街上會感受到一股懷舊氣息，但在秩父神社對面卻開了一間可愛的義式冰淇淋店。SUN DOLCE在當地營業已30年以上，開業初期義式冰淇淋在日本根本乏人問津，在店長的多番嘗試下，使用埼玉縣產的牛奶、以全手工製作方式製作出受到當地人及旅客喜愛的義式冰淇淋。

　　冰淇淋口味多樣，還有加入當地名酒、秩父錦櫻桃的獨特口味，站在冰櫃前會選擇困難症爆發。走了大半天後，來一口香甜軟滑的冰淇淋會給你療癒！

鯛魚燒新進化《ははそたい焼き》

🏠 地址：埼玉県秩父市番場町17-17
🚶 如何抵達：秩父鐵道「御花畑」站步行約4分
🕐 營業時間：11:30～19:00（售完即止）　定休日：星期二
🌐 網址：https://ggvy900.gorp.jp/

↑
左：可愛的鯛魚燒串。
右：趁熱吃起司還能牽絲。

　　看起來平平無奇的鯛魚燒小店，仔細一看菜單卻有很多特別口味，漬物美乃滋、鯛魚燒熱狗，最受歡迎絕對是起司鯛魚燒串。三尾小鯛魚燒以木棒串在一起，可以拿著邊走邊吃。鯛魚燒全部現點現製，熱騰騰的時候起司還能牽絲，難怪在SNS上也具人氣！最讓人驚艷的是鯛魚燒的麵皮，鬆軟得像鬆餅一樣，香甜的味道與鹹鹹的餡料意外超搭！

排隊也要吃的秩父代表美食《野さか》

🏠 地址：埼玉県秩父市野坂1-13-11
🚶 如何抵達：西武鐵道「西武秩父」站步行約3分
🕐 營業時間：11:00～15:00（售完即止）　定休日：星期日，每月不定期會有部分日子休息
🌐 網址：https://www.butamisodon.jp/

　　説到秩父代表美食，非豬肉味噌丼莫屬，而「野さか」是創始之店。自古以來，秩父就有狩獵野豬與食用的習慣，並以味噌醃製作為保存方法，觸發了積極開發新料理的店長，研發出現在的豬肉味噌丼，靠著口碑與媒體介紹，終於成為現在的秩父代表料理。

　　由於店內人手不足，為了應付大量顧客，偶爾會提供外帶便當，但仍無阻想要品嚐的老饕，周末中午時分竟有二十多人排隊等候。豬肉味噌丼可選擇里肌肉、五花肉，或是兩款肉各半，有普通份量的並盛及1.5倍的大盛，與2倍的特盛。

　　便當到手時還是溫熱的，白飯上鋪滿烤豬肉片，點綴著少許漬物。豬肉片醃製得入味，口感軟嫩不柴，帶有陣陣炭火的焦香，與白飯就是最佳組合，美食代表實至名歸！

↑
店外長長人龍等候買便當。

↑
店內使用需購買餐券。
←
便當有四片厚厚的豬肉片。

秩父手工啤酒比比看
《MAHOLLO BAR》

Happy Hour

🏠 地址：埼玉県秩父市番場町17-14 秩父表参道Lab. 1F
🚶 如何抵達：秩父鐵道「御花畑」站步行約7分
🕐 營業時間：星期一、二、日 11:00～21:00 星期五、六 11:00～22:00 定休日：星期三、四
🌐 網址：https://www.instagram.com/mahollobar/

↑
小杯的啤酒套裝。

　　秩父首家手工啤酒專門店，提供十多種秩父麥酒釀造的生啤酒與國內外的手工啤酒。店內設有取酒設備，一排啤酒龍頭注入現壓啤酒。菜單上仔細介紹每款啤酒的特色，清爽的果味、濃郁的麥芽味，可以從中尋找自己喜愛的口味。還有小杯裝的套裝，一次比較3或5款啤酒。

　　下酒菜款式也很多，推薦秩父名物之一的味噌馬鈴薯，炸得香脆的薯塊沾上甜甜的味噌醬，一口小菜一口啤酒真的會停下不來！

→
菜單仔細介紹每款啤酒的口味。
↓
不喝啤酒也可選日本酒、威士忌。

↑
可以點各種小吃當下酒菜。

◎ 伴手禮這裡買！祭の湯&じばさん商店

　　秩父有兩家大型伴手禮商店，分別位在西武鐵道「西武秩父站」與秩父鐵道「秩父站」旁，無論是從哪個車站出來，都可以輕鬆買到當地特產。

　　兩家商店販售的商品大同小異，「祭の湯」的賣場面積稍大，拼接美食廣場及公共浴場，旅客可以在這邊好好休息；但客人也相對較多，尤其在假日會非常擁擠。如果不想人擠人，建議在「じばさん商店」可以好好選購商品。

祭の湯

⌂ 埼玉縣秩父市野坂町1-16-15
🚶 如何抵達：西武鐵道「西武秩父」站步行約1分
🕐 營業時間：9:00～18:30　定休日：無
🌐 網址：https://www.seibu-leisure.co.jp/matsuri/index.html

じばさん商店

⌂ 地址：埼玉縣秩父市宮側町1-7
🚶 如何抵達：秩父鐵道「秩父」站步行約1分
🕐 營業時間：10:00～19:00　定休日：無
🌐 網址：https://www.instagram.com/chichibu_jibasan/

同場加映

當地超市也有限定款商品《Belc》

⌂ 地址：埼玉縣秩父市東町12-1　　**Belc 東町店**
🚶 如何抵達：秩父鐵道「御花畑」站步行約3分
🕐 營業時間：9:00～22:00　定休日：無
🌐 網址：https://www.belc.jp/

　　來自秩父市的超級市場，現以埼玉縣及群馬縣為中心，在關東地區共有約138家店舖，其中79家位在埼玉縣內，以物美價廉廣受當地居民喜愛。很多日本超市都有自家品牌，而Belc竟然會與著名品牌推出限定款，例如卡樂比的蒜味洋芋片、Peyoung豬排丼口味炒麵，如果遇上這家超市可以進來尋寶！

↑
超市限定口味的洋芋片。
←
Belc自家品牌的商品。
↓
和Peyoung合作的豬排丼口味炒麵。

《富津》

依山傍海超療癒景點

千葉縣三面環海，山明水秀的景色，加上美味的海產，自然資源非常豐富。而且縣內還有成田機場及迪士尼樂園兩大設施，或許正是這兩個地方太過知名，讓人很容易忽略其他觀光景點。

富津市就是其中一個值得探訪的地方，無論是山派還是海派，可以一次飽覽兩種美景。由於交通較為不便，特別推薦自駕遊，可以節省等公車的時間，還能順便前往超高人氣的高速公路休息站！

◎ 辛苦一點也值得的絕美景致：鋸山

　　千葉三大名山之一的鋸山高約329公尺，在登山界來說，適合新手的初階山岳。不過對於幾乎不運動的我來說，這裡應該是全書中運動量爆表的景點。登頂後，腿部肌肉雖然酸痛了好幾天，但那片景色仍讓我覺得不枉此行。請做好需爬多層階梯的心理準備，穿上運動鞋和輕便裝束，攜帶充足的水出發吧！

↑
上：位在329公尺的鋸山山頂標示。
下：山路旁設置了觀音像。

↑
從山上俯視風景。

〔 乘坐鋸山纜車登山去！ 〕

⌂ 地址：千葉縣富津市金谷4052-1
🚶 如何抵達：JR內房線「浜金谷」站步行約10分即可抵達纜車站
🕐 營業時間：2月16日～11月15日 9:00～17:00、11月16日～2月15日 9:00～16:00　定休日：無（如天氣情況惡劣會停駛）
🌐 網址：https://www.mt-nokogiri.co.jp/

　　鋸山的景點主要位在山頂，有三種方式可以前往：步行、駕車或是搭乘鋸山纜車。步行到主要景點需1小時，駕車可直接開到景點附近的停車場。或是，也可試試纜車的體驗，每10分鐘就有一班，短短5分鐘就能抵達山頂，透過玻璃車窗看著山下的建築變得愈來愈小，懸空的感覺也增添刺激。

↑
名為「地獄冰淇淋」的黑色竹炭口味霜淇淋。

↑
山頂設有販賣區及餐廳。
→纜車登山的景象。

←
左：纜車站的購票處。
右：乘客上車登山。

157

〔 鋸山日本寺的三大看點 〕

　　鋸山因為山頂貌似鋸齒形狀而得名，在江戶時代作為採石場開闢了行人道及車道，還有因石材切割而成的獨特景色。鋸山其中一面約33萬平方公尺的土地為日本寺，境內有三大看點：百尺觀音、地獄窺視觀景台，及大佛廣場。

　　上述景點之間皆有完善的路線規劃，不用擔心會迷路。每個景點與纜車站之間有30分鐘~1小時的步行距離，主要是樓梯連接，走完三個景點需要2~3小時。如果是駕車上山，可以直接開到日本寺或大佛廣場的入口，以省腳力。

🏠 地址：千葉縣安房郡鋸南町鋸山
🚶 如何抵達：鋸山纜車「山頂」站步行約15分到北口管理所
🕐 營業時間：9:00~16:00（15:00停止入場）　定休日：無
🌐 網址：https://www.nihonji.jp/

震撼人心的鬼斧神工《百尺觀音》

●與人對比更顯出觀音像的巨大。

↑
設有樓梯可到觀音前參拜。

從日本寺北口管理所購買門票後，走一段小路後便可來到百尺觀音。一邊走一邊會聽到前方傳來日本人「すごい」（sugoi，好厲害之意）的聲音，直到真的面對觀音像也會忍不住讚嘆。高約30公尺的岩石壁上雕刻了細緻的觀音像，實在太壯觀！這座觀音像是為了供奉在戰爭及交通事故中身亡者所刻製，並保佑交通安全。在樹蔭的圍繞下有著神聖莊嚴的氣氛，站在觀音像面前也會感受到人類自身的渺小。

懼高者膽量挑戰《地獄窺視觀景台》

從北口需往上走約10~15分鐘階梯，便來到觀景台。為什麼取名「地獄窺視」？因為其設置在山崖突出的岩石中，腳下就是懸崖絕壁。雖然設有安全的鐵欄杆，但懼高的我，向下俯瞰時還是會有點腿軟。相當適合不怕高的人，站在頂端居高臨下，大地在腳下的感覺還是挺暢快的。

↑
觀景台的招牌。

↑
左：可站到最前端看山下風景。　右：從側面可看到觀景台設在岩石上。

日本第一尺寸《大佛廣場》

用小地藏上來許願！

↑
特殊設計的繪馬：紅色厄字為鏤空，只要一拿起繪馬，紅色的厄字就可以移除！
←
在大佛像前參拜。

　　藥師瑠璃光如來大佛為日本最大的大佛像，高約31公尺，比起奈良大佛及鎌倉大佛還高超過10公尺以上。大佛約有1300年歷史，但岩石長年受到風雨侵蝕而損毀，於是在1969年進行了修復。巨大的佛像設於廣場中央，保佑世界平和、萬世太平。

　　大佛旁邊還有一處供奉小地藏，信眾可以購買小地藏並寫上自己的名字來許願。此外，還有去除厄運的繪馬，象徵驅走惡運，富含巧思。

高速公路休息站也是景點《海螢火蟲休息站》

- ⌂ 地址：千葉県木更津市中島地先海ほたる
- 🚶 如何抵達：JR內房線「木更津」站7號巴士乘搭巴士，在「海ほたる」站下車
- 🕐 營業時間：24小時營業（每家商店及餐廳營業時間不一）　定休日：無
- 🌐 網址：https://www.umihotaru.com/

　　在自駕的漫長旅途中，安排高速公路休息站也是特有的樂趣。日本的SA（Service Area）及PA（Parking Area）都有良好的規劃及經營，讓司機及乘客都可以稍作休息。有些旅客更會把休息站視為一個踩點，在日本書店也看到不少以休息站為主題的旅遊書及雜誌。

　　海螢火蟲休息站位於連接東京和千葉縣的東京灣跨海收費公路上，是世界唯一設在海上的休息站設施，有著360度被海包圍的優勢，成為著名的觀光景點。休息站設有兩個戶外平台讓旅客欣賞海景，其中一面更可看到高速公路獨特的構造！

　　設施內有美食廣場、餐廳、星巴克及小吃店滿足飲食需要。兩家伴手禮店可同時買到千葉及東京的伴手禮，和海螢火蟲休息站的原創商品。此外，有遊戲中心及一家介紹東京灣跨海收費公路的小影院，娛樂性高。

←
上：免費小影院介紹
海螢火蟲休息站。
下：設有美食廣場。

↑
上+下：錯綜複雜的高
速公路規劃。
→
海螢火蟲休息站的限定
版伴手禮，

must know

小提醒！

乘坐巴士也會到！
來往JR木更津車站及川崎站的高速巴士中途會停靠休息站。請留意巴士的交通時間，不要逛到錯過尾班車無法離開。

千葉特產好買好吃《THE FISH》

🏠 地址：千葉県富津市金谷2288
🚶 如何抵達：JR内房線「浜金谷」站步行約7分
🕐 營業時間：平日9:30～18:00、週末及假日9:00～18:00 定休日：無
🌐 網址：https://thefish.co.jp/

↑
左：廣闊的餐廳區域。
右：當地甜點店「見波亭」販售年
輪蛋糕。
←千葉知名特產的花生零食。

在鋸山徒步圈內的市場設施「THE FISH」，廣闊的賣場分為海產區與伴手禮區，還設有餐廳與甜點店「見波亭」。這裡集合各式各樣的千葉特產，花生、當地咖啡品牌MAX COFFEE，當然還有新鮮海產，以及蝦餅、魚乾、海苔等。把旅行途中沒吃夠的、千葉的專屬鮮味通通帶回家。設施就位在海邊，購物完也可在岸邊散散步，享受一望無際的海景。

天然冰刨冰清爽消暑《好日堂》

🏠 地址：千葉県富津市金谷2221-3
🚶 如何抵達：JR内房線「浜金谷」站步行約3分
🕐 營業時間：11:00～16:00 定休日：星期三、四
🌐 網址：https://www.instagram.com/koujitsudo/

↑
左：小小店舖卻坐滿客人。
右：夏季的葡萄口味刨冰。

登山費盡體力，急需補充糖分，在纜車站徒步圈內就有一家小小的甜點店。好日堂從3月到11月主要供應刨冰，冬季則是豆花，以手工甜點為當地人及旅客送上療癒。其刨冰使用來自日本八岳的天然冰，即以湧泉水自然凍結的冰塊，刨成細冰特別鬆軟，入口即化，不會嚐到一顆顆冰粒。巨型刨冰搭配以新鮮水果製的糖漿，味道清甜，在揮灑汗水後享用更是透心涼。

新鮮海鮮自己烤《まるはま》

🏠 地址：千葉県富津市金谷2288
🚶 如何抵達：JR內房線「浜金谷」站步行約7分
🕐 營業時間：平日11:00～15:00、週末及假日10:00～16:00　定休日：星期四
🌐 網址：https://kaisen-maruhama.com/

　　除了壽司、海鮮丼的吃法，在千葉一帶還能烤海鮮喔！「まるはま」是其中一家很受歡迎的烤海鮮餐廳，週末一開店就滿座，午餐時段可能要等30分鐘至1小時才能入席。幸好位在「THE FISH」旁，可以去逛逛伴手禮打發時間。採用自助吃到飽形式，成人一位4,180日幣，90分鐘內盡情享用食物及碳酸飲料。

　　每個座位上設有火爐，客人自行取用海鮮、肉類及蔬菜來燒烤，也提供生魚片、炸物、拉麵等料理。海鮮以貝類為主，包括蝦、帆立貝、牡蠣、貽貝、海螺等，食材偏小，但吃多少就拿多少，保證吃到飽肚離開。自己動手烤，手忙腳亂的回憶也成為調味料，很適合和朋友、家人一起體驗。

↑
上：店內有寬敞的座位。
下：利用烤爐自己烤海鮮。

←
上：除了海鮮還有肉類及蔬菜等選擇。
下：海鮮堆滿隨便夾。

自己夾取想要的海鮮！

海鮮連殼燒烤把鮮味鎖住，單純澆上醬油就很好吃！

體驗日本小學經典午餐《道之驛保田小學校》

保田小

⌂ 地址：千葉県安房郡鋸南町保田724
🚶 如何抵達：JR內房線「保田」站乘搭鋸南町循環巴士，在「道の駅 保田小学校」站下車
🕐 營業時間：9:00～17:00　定休日：無
🌐 網址：https://hotasho.jp

　　動漫中，總是會出現主角的小學童年回憶，實在讓人嚮往。無法進入真正的小學，那麼，可以來這家由廢棄小學改造而成的道之驛。曾被雜誌選為全國最強道之驛第2位及關東最佳道之驛第1位，集合了吃喝玩樂，甚至還能住宿及泡澡，因此在假日擠滿來旅遊的日本人。

↑把教室改造成住宿設施。

　　1樓以餐廳為主，設有9家餐廳，日、洋、中式選擇性多，最多人排隊就是「里山食堂」，餐廳由教室改裝，還提供日本經典營養午餐「給食」。午餐以鐵盤盛裝，經典套餐有馬鈴薯沙拉、炸物、甜味咖哩，並搭配白飯及漬物。而豪華版就有義大利麵、漢堡排，都是小孩子愛吃的菜色。營養午餐在每個縣份都有其特色，例如在千葉就附一小包名產味噌花生。

↑名為3年B組的中菜餐廳。

　　除了餐廳還有免費開放使用的室內遊戲室及公園，在孩子盡情放電時，家長可以去商店購買蔬果與伴手禮。2樓則有住宿用的客房，房間刻意保留了黑板等教室設計，像是在學校留宿一樣。旁邊還設有大浴場，一般遊客只要付費便可使用，孩子玩到大汗淋漓也可來清洗一下。

↑設有免費的室內小孩遊樂場。

←
小學生的桌椅及書包。
→
還有廣闊的戶外空間。

↑像是在教室中用餐。

↑仿造日本小學經典午間套餐。

↑在牛奶加入糖粉可變成草莓等各種口味。

來自在地人的提醒！
「給食」一定要配炸麵包才對味，麵包炸過後沾上甜甜的黃豆粉，是小學生們的愛！

←
商店販售千葉伴手禮。

粉絲必去的MV及日劇取景地 《明治百年記念展望塔》

🏠 地址：千葉県富津市富津2280
🚶 如何抵達：JR内房線「青堀」站乘搭巴士到「富津公園」站，步行約20分
🌐 網址：https://www.city.futtsu.lg.jp/0000000524.html

　　無論是日本歌姬濱崎步、人氣男團Hey! Say! JUMP，還是女子偶像團體乃木坂46的粉絲，只要是JPOP樂迷應該都在不少MV中，看過這座設計獨特的展望塔。這是位於富津公園內的觀景台，為了紀念明治100年所建造，以五葉松為建築概念，一層層的平台交錯與連結，在不同方位與高度可看到不一樣的風景，像是對岸的神奈川縣、東京都，甚至有機會看到富士山！日落時分，看著夕陽西下慢慢消失於海平線，那片海景真是美不勝收。

↑
從高處欣賞展望塔的獨特結構。

📷 這樣拍照也很好看！

2天1夜
Route.3
千葉縣

◉看著這片風景腦海內
會響起JPOP音樂。

2 天 1 夜

Route. 4
ながの

Nagano-ken
Karuizawa

長野縣

輕井澤

來一場悠閒度假當貴婦

位於高原的輕井澤，夏天是避暑勝地、冬天則會化作白雪國度，加上周邊長野縣有許多滑雪場，成為了許多有錢人購買別墅度假的地方。

我對輕井澤的第一印象是日劇《四重奏》，被白雪包圍的別緻木屋別墅，透過松隆子、高橋一生等四位演員精湛演繹，有種成熟、優雅感。之後特地安排到訪，也深深愛上那悠閒的氛圍，甚至連自己的婚禮、婚紗照都選在這裡舉行。雖然買不起別墅，但想要來一場放鬆的度假時，輕井澤就是我的首選。

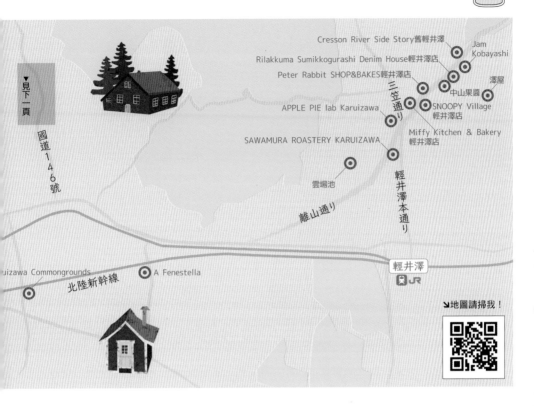

Cresson River Side Story舊輕井澤
Jam Kobayashi
Rilakkuma Sumikkogurashi Denim House輕井澤店
Peter Rabbit SHOP&BAKES輕井澤店
三笠通り
澤屋
中山果醬
APPLE PIE lab Karuizawa
SNOOPY Village
輕井澤店
Miffy Kitchen & Bakery
輕井澤店
SAWAMURA ROASTERY KARUIZAWA
輕井澤本通り
雲場池
離山通り
▼見下一頁
國道146號
Karuizawa Commongrounds
北陸新幹線
A Fenestella
輕井澤
JR

↘地圖請掃我！

---

travel notes

↘掃我進入輕井澤觀光協會

輕井澤交通攻略

從東京車站出發，搭乘JR北陸新幹線最快60~70分鐘便可抵達輕井澤車站，單程價格就要5,490日幣，若能妥善利用JR東京廣域周遊券，會比較划算。

除了Outlet輕井澤王子購物廣場，大部分景點都和輕井澤車站有一段距離。市內有巴士能前往大部分著名景點，不過班次較為稀疏，一小時約1、2班車，因此租車自駕最方便，可以更靈活安排時間。

此外，天氣晴朗時，也可以選擇租腳踏車代步。在JR輕井澤車站前有不少提供腳踏車租借服務，可以參考輕井澤觀光協會的店舖名單。請注意，在冬季因為積雪地面濕滑，許多店舖在11月至2月期間會停止營業。

One Day Trip □ 輕井澤一日推薦行程

9:00 SAWAMURA ROASTERY KARUIZAWA 吃早餐 → 10:00 舊輕井澤銀座通逛街 → 搭巴士 5 分鐘 → 12:00 雲場池看風景 → 搭巴士 15 分鐘 → 13:19 榆樹街小鎮川上庵吃午餐 → 步行 11 分鐘 → 14:30 參觀高原教會 → 步行 4 分鐘 → 參觀石之教會內村鑑三記念堂 → 步行 11 分鐘 → 16:00 星野溫泉蜻蜓之湯泡溫泉休息 → 17:40 搭巴士 20 分鐘 → 18:00 輕井澤站搭乘新幹線回東京

〔巴士大概 30 分鐘 /1 小時間隔一班，搭西武觀光巴士的「輕井澤町內循環巴士」可以到達〕

吃喝玩樂都有！星野集團觀光圈

大名鼎鼎的星野集團總部正是位在輕井澤，在這裡有3種不同類型的住宿設施，附近還有教堂、公眾溫泉浴場、餐廳及商業設施，即使不住宿，也可以好好的逛上大半天。

國道146號

湯川

●星野溫泉 蜻蜓之湯

せきれい橋 川上庵

Harunire Terrace
榆樹街小鎮

輕井澤高原教會

●虹夕諾雅
輕井澤

輕井澤
Bleston Court飯店

石之教會
內村鑑三記念堂

BEB5 輕井澤

〖 豐儉由人！三家住宿設施比一比 〗

星野集團在輕井澤營運的3間住宿設施，其建築風格、價位都不同，可以按自己的喜好來選擇。

奢侈享受獨棟小屋《虹夕諾雅輕井澤》

🏠 地址：長野縣北佐久郡輕井沢町星野389-0194
🚶 如何抵達：JR「輕井澤」站南口搭乘住客專用接送巴士
🌐 官方網站：https://hoshinoresorts.com/ja/hotels/hoshinoyakaruizawa/

「虹夕諾雅」主打的是非日常感體驗，在輕井澤的房間都是獨立式小屋，從陽台可看到樹木、河流等自然景色。房內刻意不設置時鐘、電視，能讓人忘卻工作，只管好好休息。飯店區域內有住客專用的溫泉、休憩廳，出入只要致電前台，便會安排車輛接送到星野集團其他景點，享受貴賓級的待遇，房間價格一人約20,790日幣起。

↑冬季時白雪美景圍繞住宿設施。

森林間的小木屋《輕井澤 Bleston Court 飯店》

⌂ 地址：長野縣輕井沢町星野
🚶 如何抵達：JR「輕井澤」站南口搭乘住客專用接送巴士
🌐 官方網站：https://www.blestoncourt.com/

　　Bleston Court飯店就在兩大教堂附近，可以徒步前往，環境幽靜。房間也是採獨棟形式，分鄉村小木屋、簡約小木屋、高級別墅三種，部分木屋有露天按摩浴池，也可以免費使用旗下溫泉設施。飯店內設有餐廳、咖啡廳，早餐提供美味的法式可麗餅，房間價格一人約14,091日幣起。

1 2 3

1.在小木屋住宿像露營一樣。
2.早餐的法式可麗餅還會寫下迎賓訊息。
3.可以在森林間享受泡澡。

年輕風格的小資飯店《BEB5 輕井澤》

⌂ 地址：長野縣輕井沢町星野
🚶 如何抵達：信濃鐵道「中輕井澤」站步行約15分 / JR「輕井澤」站搭乘西武觀光巴士，在「湯川」站下車步行約4分
🌐 官方網站：https://hoshinoresorts.com/ja/hotels/beb5karuizawa/

　　「BEB5」飯店內設有廣闊的休憩區域與24小時營業的咖啡廳，可以與朋友、家人在飯店內享用飲料、聊天。房間可選擇高架床或普通床鋪，配備住宿所需的設備及盥洗用品。房間價格一人約7,433日幣起，在星野集團設施中屬於實惠。

↑
飯店的外觀。
←
左：上下層的高架床充分利用空間。
右：飯店內提供法式吐司早餐。

《 傳統建築 VS. 名師設計的兩大教堂 》

　　明治時期，加拿大傳教士「亞歷山大・克羅夫多・蕭」被輕井澤宜人的氣候與環境所吸引，在當地成立教會和避暑別墅。其中兩個知名的教堂就位在星野集團的範圍內，建築各有特色，即使沒有信仰也值得前來參觀。

❀ 莊嚴神聖的輕井澤高原教會

⌂ 地址：長野縣輕井澤町星野 389-019
🚶 如何抵達：JR「輕井澤」站搭乘西武觀光巴士，在「星野溫泉蜻蜓之湯」站下車步行約9分
🕐 營業時間：10:00~17:00（如有婚禮舉行會暫停開放）　定休日：無
🌐 官方網站：https://www.karuizawachurch.org/

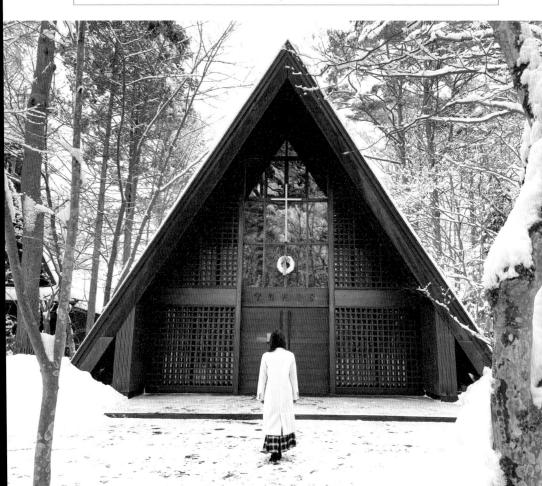

↑在皚皚白雪映襯下更美。

↑教會內部有著莊嚴氣氛。

　　輕井澤高原教會是傳統三角形屋頂教堂，在大正年代最初以「藝術自由教育講習會」名義建立，內村鑑三、北原白秋等日本文人都有參與，並把小木屋取名「星野遊學堂」，到昭和年代改建為現在的教堂。由棕色木材所打造，陽光從三角玻璃窗照射下來，伴隨著現場演奏的豎琴音樂，瞬間會被那氣氛感染，參觀時行為舉止也會忍不住端莊起來。

❋ 獨一無二的石之教會內村鑑三記念堂

🏠 地址：長野縣輕井澤町星野 389-0195
🚶 如何抵達：JR「輕井澤」站搭乘西武觀光巴士，在「星野溫泉蜻蜓之湯」站下車步行約13分
🕐 營業時間：10:00~17:00（如有婚禮舉行會暫停開放）　定休日：無
🌐 官方網站：https://www.stonechurch.jp/

↑
教堂周邊有獨特設計的椅子。
←融入自然的石之教會。

　　石之教會內村鑑三記念堂由美國建築家「肯德里克‧班斯‧凱洛格」操刀，採用石頭建造，與周邊樹木、河川及太陽光線等大自然元素融為一體，展現有機建築的美學。與高原教會溫暖的木質相反，石之教會給人一種神秘感，身在其中彷彿與世隔絕，時間就此停止，享受無止境的靜謐。

在大自然中泡溫泉《星野溫泉 蜻蜓之湯》

⌂ 地址：長野縣北佐久郡輕井沢町長倉2148
🚶 如何抵達：JR「輕井澤」站搭乘西武觀光巴士，在「星野溫泉蜻蜓之湯」站下車步行約3分
🕐 營業時間：10:00~22:00　定休日：無
🌐 官方網站：https://www.hoshino-area.jp/tombo-no-yu/

↑星野溫泉的招牌。

　　「星野溫泉 蜻蜓之湯」不只供星野集團的住客所使用，遊客只要付費也能入浴。收費為成人1,350日幣、小童800日幣（遇黃金週、新年等假日收費會有不同），可現場付費租用毛巾，兩手空空入場也沒問題。有室內及戶外的大浴場，面向美麗的自然景色，在秋冬看著紅葉或白雪，泡在暖和的溫泉水中特別療癒。

↑
上：星野溫泉設施入口。　下：進入後分男湯、女湯。
→
上：「村民食堂」餐廳門口。　下：美味的一人份壽喜燒鍋。

泡完湯，來附近的「村民食堂」用餐休息！

高質感美食與選物店《榆樹街小鎮》

⌂ 地址：長野県北佐久郡軽井沢町長倉2148
🚶 如何抵達：JR「輕井澤」站搭乘西武觀光巴士，在「星野溫泉蜻蜓之湯」站下車步行約1分
🕐 營業時間：每家商店不一　定休日：每家商店不一
🌐 官方網站：https://www.hoshino-area.jp/harunireterrace/

　　沿著湯川溪流，在榆樹森林中有小型的商業設施，共有16家商店及餐廳，不僅可在店內用餐，也能購買點心、咖啡至戶外座位區享用。木製甲板的平台與周邊環境共融，在天氣好的日子聽著溪流的潺潺水聲，吸收大自然的芬多精。這裡有數家選物店提供各種高質感的雜貨，包括木製玩具、天然素材製作的寢室用品等，還有來自世界各地的商品。

→
上：街道上的遊客悠閒購物。
下：當地點心品牌的商品。
↓
溪流旁設有座位供遊客休憩。

新開幕時尚綜合設施《Karuizawa Commongrounds》

> ⌂ 地址：長野県北佐久郡軽井沢町長倉鳥井原1690-1
> Ⓚ 如何抵達：信濃鐵道「中輕井澤」站步行約15分
> ⏱ 營業時間：每家商店不一　定休日：每家商店不一
> ⊕ 官方網站：https://store.tsite.jp/karuizawa-cg/about/

↑
每家小木屋開設商店及餐廳。

於2023年開幕的新設施，以「在輕井澤森林中工作・學習・遊戲・營業・住宿」為概念，改建青山學院女子短期大學的宿舍，約11,570平方公尺的廣闊面積設置了數家小木屋，有立食蕎麥麵店、燻製食品店、紅酒店等。其中，更以「輕井澤書店 中輕井澤店」最受歡迎，由蔦屋書店所營運，併設咖啡廳「SHOZO COFFEE」，坐在落地大玻璃前享用咖啡及點心，翻翻書，度過悠閒的下午時光。

↑
輕井澤書店還有販售雜貨。

↑
書店內的咖啡店SHOZO COFFEE。
→
上：可在舒適的環境享用咖啡及點心。
下：在設施內看到可愛的鐵皮車。

紅葉倒影美景《雲場池》

⌂ 地址：北佐久郡軽井沢町軽井沢
🚶 如何抵達：JR「輕井澤」站搭乘西武觀光巴士，在「雲場池」站下車步行約8分
🕐 營業時間：24小時開放　定休日：無
🌐 官方網站：https://karuizawa-kankokyokai.jp/spot/23234/

↑
雲場池的地圖介紹。
↓
初秋到訪時葉子轉紅的景色。

從輕井澤車站出發，只要7分鐘車程距離的人工湖泊風景區，源自御膳水清澈的水源，據説以前曾有白天鵝在此停留，又有「天鵝湖」的美名，不過現在只看到可愛的鴨子在池中游泳。圍繞著湖泊有約1公里的散步小徑，可以沿著湖邊漫步享受恬靜的大自然景色，尤其一到秋季是滿滿楓紅，倒映在湖面上美得如詩如畫。

《 伴手禮很好買：舊輕井澤銀座通 》

「舊輕井澤銀座通」一帶是輕井澤最熱鬧的購物地帶，約750公尺的商店街有餐廳、雜貨、名產店等，許多當地品牌都在此處設店，無論想找美食還是伴手禮，來這邊都很適合。

輕井澤特有的限定版〖卡通角色專門店〗

商店街中有4家卡通角色專門店，販售各種周邊小物。日本卡通商品設計一向做得精美，還會針對當地推出限定版商品，像是描繪出輕井澤特產的蘋果等圖案，令人很想收藏。

❋ Miffy Kitchen & Bakery 輕井澤店

⌂ 地址：長野縣北佐久郡輕井沢町輕井沢559
🚶 如何抵達：JR「輕井澤」站搭乘西武觀光巴士，在「舊輕井澤」站下車步行約2分
🕐 營業時間：9:30～17:30（12月6日～3月5日期間9:30～17:00） 定休日：無（冬季會停止販售麵包）
🌐 官方網站：https://miffykitchenbakery.jp/

仿照小木屋的薄荷綠店面中陳列多種可愛的米飛兔商品。除了各種雜貨，還有角色造型的麵包與點心。當地限定款式以森林為主題，米飛兔穿上綠色的衣服，伴隨葉子圖案，讓人聯想到輕井澤富饒的大自然環境。

→
麵包店員米飛兔。

↑
左：輕井澤店限定餅乾、娃娃、提袋。　右：架上的新鮮麵包。

❋SNOOPY Village 輕井澤店

🏠 地址：長野縣北佐久郡輕井沢町旧軽井沢800番地
🚶 如何抵達：JR「輕井澤」站搭乘西武觀光巴士，在「舊輕井澤」站下車步行約2分
🕐 營業時間：9:30〜17:30（12月6日〜3月5日期間9:30〜17:00） 定休日：無
🌐 官方網站：https://www.snoopy.co.jp/

　2層樓高的史努比主題設施，集合餐廳「SNOOPY茶屋」、巧克力專門店「SNOOPY chocolat」以及商店，販售琳瑯滿目的周邊商品。輕井澤款的史努比抱著紅通通的蘋果，可愛加倍，蘋果茶葉、蘋果巧克力限定版也不要錯過。

←
左：可以跟史努比合照。
右：輕井澤店限定的蘋果紅茶。

❋Peter Rabbit™ SHOP&BAKES 輕井澤店

🏠 地址：長野縣北佐久郡軽井沢町軽井沢字屋敷西側下581
🚶 如何抵達：JR「輕井澤」站搭乘西武觀光巴士，在「舊輕井澤」站下車步行約7分
🕐 營業時間：9:30〜17:30（12月6日〜3月5日期間9:30〜17:00） 定休日：無
🌐 官方網站：https://peterrabbitshopandbakes.jp/

　　　　日本首家彼得兔SHOP&BAKES主題概念店，選址在與彼得兔故鄉的英國湖水地區相似的輕井澤，粉紅色的店舖散發著優雅。除了有彼得兔相關的雜貨小物，還有餅乾、瑪德蓮、費南雪和磅蛋糕等烘焙點心及紅茶，皆可以買回家享用。

←
上：輕井澤店限定的咖啡。
下：結合輕井澤特產蘋果圖案的雜貨商品。
→
彼得兔與水果一起更顯可愛。

❀Rilakkuma™ Sumikkogurashi™ Denim House 輕井澤店

⌂ 地址：長野縣北佐久郡輕井沢町大字輕井沢745番地1
🚶 如何抵達：JR「輕井澤」站搭乘西武觀光巴士，在「舊輕井澤」站下車步行約8分
🕐 營業時間：9:30～17:30（12月6日～3月5日期間9:30～17:00）　定休日：無
🌐 官方網站：https://denimhouse.jp/

　　2024年7月全新開幕的拉拉熊及角落生物主題商店，以牛仔布為概念，拉拉熊及角落生物都換上酷酷的牛仔褲裝。推出一系列牛仔布服裝，可以和娃娃一起穿雙子裝。還有輕井澤限定版的點心盒，不能錯過。

←
左：店內牆壁印有拉拉熊圖案。
右：穿上牛仔褲裝的拉拉熊玩偶。

Plus 同場加映

輕井澤果醬品牌 御三家	在眾多果醬品牌之中，「中山果醬」、「Jam Kobayashi」與「澤屋」被認為是輕井澤最具代表性的三大品牌。

❀Jam Kobayashi

⌂ 地址：長野縣北佐久郡輕井沢町 大字輕井沢710
🚶 如何抵達：JR「輕井澤」站乘搭西武觀光巴士，在「舊輕井澤」站下車步行約10分
🕐 營業時間：10:00～18:00、冬季10:00～17:00
定休日：星期三、四（8月無定休，1月~3月不定休）
🌐 官方網站：http://jamkobayashi.com/

　　早在昭和年代以經營蔬果店為主，得到俄羅斯人傳授果醬製作方法而開始販售果醬，在十多年前正式轉型為果醬專門店。其果醬只以水果、砂糖、水果果膠、檸檬汁製成，選用日本產砂糖，發揮出水果的最多甜味。

→
上：紅色店面十分搶眼。
下：店內擺滿不同口味的果醬。

輕井澤名產果醬始祖《中山果醬》

🏠 地址：長野県北佐久郡軽井沢町軽井沢750-1
🚌 如何抵達：JR「輕井澤」站乘搭西武觀光巴士，在「舊輕井澤」站下車步行約10分
🕐 營業時間：夏季9:00～18:00、冬季10:00～17:00　定休日：無
🌐 官方網站：https://nakayamanojam.com/

↑
市面上罕見的大黃果醬。

果醬是輕井澤特產之一，有很多當地品牌。如前文提到，在加拿大傳教士的宣傳下，輕井澤成為在日外國人的熱門避暑地，當他們來度假時，也會把西式食品帶到這裡。經營中山農園的中山丈平先生就這樣學到果醬的製作方法，是第一家在輕井澤販售果醬的品牌。唯一的店舖就設在舊輕井澤銀座通上，從經典款的藍莓、草莓，到特別款的西瓜、大黃、栗子都有，全部都是自家工廠製作。

❀澤屋

🏠 地址：長野県北佐久郡軽井沢町軽井沢1178　軽井沢駅3Fしなの屋KARUIZAWA內
🚌 如何抵達：JR「輕井澤」站步行約1分
🕐 營業時間：10:00～19:00　定休日：無
🌐 官方網站：https://www.sawaya-jam.com/

也是從昭和年代的蔬果店起家，因為有客人表示希望吃到不會太甜的果醬，於是開始販售無添加且低糖度的手工果醬，現已發展成多家分店的果醬品牌。選用當季水果和以北海道甜菜製成的砂糖去烹煮成濃郁的果醬，糖度只有約40度，適合怕甜的人。

→
上：在JR輕井澤車站內也有設店。
下：各種水果口味可供選擇。

◇ 美 食 特 輯 ◇

輕井澤推薦美食特輯

　　作為度假勝地，輕井澤市內有不少高級餐廳迎合在當地置產別墅的富人口味，而且很多選址在蔥綠樹林之中，優美的環境讓用餐體驗提升。但，也並非一定要花大錢才能品嚐美食，還有一些高性價比的選擇。不論是高級餐廳或是小資族用餐，皆可自行挑選。

百名店高分披薩《A FENESTELLA》

🏠 地址：長野縣北佐久郡輕井沢町長倉2622-5
🚶 如何抵達：信濃鐵道「中輕井澤」站步行約19分
🕐 營業時間：午餐11:30～14:00、晚餐17:30～21:00　定休日：星期二（12月～3月不定休）
🌐 官方網站：https://a-fenestella.com/

　　或許是被街道的歐陸氣息感染，來到輕井澤反而會想品嚐洋食料理。「A FENESTELLA」提供拿坡里披薩與傳統義大利料理，於2023年入選日本食評網站Tabelog的義式餐廳百名店。在日式木屋改造的餐廳中，可以享受以傳統柴窯烘烤的正宗拿坡里披薩，微焦的餅皮放上當地蔬菜等豐富食材，搭配蕃茄醬與起司，風味簡單卻教人回味無窮。

↑
上：餐廳內環境時尚舒適。
下：伴著自然景色享用美食。
→
上：披薩份量頗大，一個人吃完很飽。
下：半熟蛋的口味很好吃。

森林間的餐廳與烘焙店
《Cresson River Side Story 舊輕井澤》

> 🏠 地址：長野縣北佐久郡輕井沢町大字輕井沢字木戸根680番1
> 🚌 如何抵達：JR「輕井澤」站乘搭西武觀光巴士，在「舊輕井澤」站下車步行約11分
> 🕐 營業時間：餐廳11:30～21:00、烘焙店11:30～19:00 定休日：無
> 🌐 官方網站：https://www.cressonriver.jp/

　　很多人走到舊輕井澤銀座通的盡頭便會回頭，沒想到再走一段小路，森林中竟然出現氣派的餐廳。由經營東京香蕉、SUGAR BUTTER TREE等家喻戶曉點心品牌的公司所開設的餐廳與烘焙店，並以「人、自然、動物的共生」為概念。可在這裡用餐，也可購買點心回家。

\ 限定版 /

野豬造型的餅乾，帶有香草香氣！

↑
長野縣特產蘋果製作的蘇打飲料。

↑
餅乾也可以單片購買。

↑
店內的高質感裝潢。

開幕時製作的繪本！

→
宛如木頭造型格外注目。

著名麵包品牌全新咖啡廳
《SAWAMURA ROASTERY KARUIZAWA》

- ⌂ 地址：長野県北佐久郡軽井沢町軽井沢8-11
- Ⓐ 如何抵達：JR「輕井澤」站乘搭西武觀光巴士，在「舊輕井澤」站下車步行約3分
- ⊕ 營業時間：7:00～21:00（12月～2月8:00～20:00）　定休日：無
- ⊕ 官方網站：https://b-sawamura.com/shop/134/

「SAWAMURA澤村」是輕井澤知名的麵包店，不只在當地設店，分店更是進駐東京、名古屋等地。2023年於舊輕井澤周邊開設了第一家主打咖啡的烘焙咖啡廳，店內設有巨大的半熱風式烘豆機，不只可購買現場烘焙的咖啡豆，還可在店內享用精心沖泡的咖啡。

好咖啡當然還有美味的麵包、甜點作陪襯，在此也可品嚐到澤村麵包，還有店舖限定的咖啡可麗露、費南雪等法式甜點。

←
上：多款麵包令人食指大動。
下：適合早餐或下午茶的組合。

人氣自家製蕎麥麵《川上庵》

- ⌂ 地址：長野県北佐久郡軽井沢町長倉字横吹 2145-5
- Ⓐ 如何抵達：JR「輕井澤」站搭乘西武觀光巴士，在「星野溫泉蜻蜓之湯」站下車步行約1分
- ⊕ 營業時間：11:00～22:00　定休日：無
- ⊕ 官方網站：https://www.kawakamian.com/index.php

↑
餐廳外顯眼的門簾。

輕井澤的名店「川上庵」，在舊輕井澤周邊的店舖總是大排長龍，若是不想等太久，可以考慮榆樹街小鎮的分店，店面較大，好天氣時，還能坐在戶外在綠樹圍繞下用餐。

「川上庵」是蕎麥麵專門店，以特製石臼打磨蕎麥粉製作出二八蕎麥麵（二成麵粉混合八成蕎麥粉比例所製的蕎麥麵）。滑順的蕎麥麵可選冷吃或熱湯，搭配香脆的天婦羅、厚切的鴨肉片等，還有各種小菜，在時尚的環境中用餐讓日本傳統麵食也變得更高格調。

長野名產蘋果派《APPLE PIE lab Karuizawa》

🏠 地址：長野縣北佐久郡輕井沢町輕井沢12-14
🚶 如何抵達：JR「輕井澤」站乘搭西武觀光巴士，在「舊輕井澤」站下車步行約2分
🕐 營業時間：10:00~17:00 定休日：不定休
🌐 官方網站：https://applepielab.com/

　　憑藉良好地形及日夜溫差大讓長野縣成為頂尖的蘋果產地，出貨量僅次於青森。「APPLE PIE lab」是長野縣品牌，使用南信州的富士蘋果熬煮成酸甜的蘋果泥，再以酥脆的餅皮包裹，除了原味的蘋果派，還有卡士達奶油、檸檬、奶油起司等口味，熱吃冷吃都很棒。

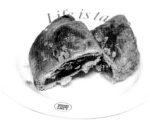

↑
季節限定的焦糖堅果口味蘋果派。
←
蘋果派在櫥窗中保持溫熱。

↑
位在舊輕井澤周邊的店外是長長人龍。
→
上：鴨肉冷蕎麥麵。
下：鴨肉片肉質豐厚軟嫩。

2 天 1 夜

Route.
いばらき **5**

Ibaraki-ken
Hitachinaka-shi
Tsuchiura-shi

茨城縣

反轉最後一名
的魅力之地

《常陸那珂市 + 土浦》

↘地圖請掃我！

說到茨城縣，不能不提「都道府縣魅力排行榜」，這個由提供品牌研究與顧問服務的日本企業「ブランド総合研究所」每年進行的調查，藉由日本全國3萬多名受訪者的回答，為日本47個都道府縣進行評分與排名，而茨城縣多年來敬陪末座而成為話題。

難道，茨城縣有這麼差勁？事實上，縣內可是有不少美麗的自然風景，更是日本全國蔬菜生產量第二名，真要說遜色之處，應該是缺乏代表美食與伴手禮。除了國營常陸海濱公園以外的景點，都相對較少觀光客，在過度旅遊問題愈來愈嚴重的日本，茨城縣反倒是個遠離喧囂的綠洲。

全年都可賞花！
《國營常陸海濱公園旅遊攻略》

⌂ 地址：茨城県ひたちなか市馬渡大沼605-4
Ⓐ 如何抵達：JR常磐線前往「勝田」站，東口2號巴士站轉乘路線巴士，在「海濱公園西口」/「海濱公園南口」下車即到
🕐 營業時間：9:30～17:00（不同季節或會提前/延長時間）　定休日：星期二（部分期間會每天開園）
🌐 網址：https://hitachikaihin.jp/

　　國營常陸海濱公園是茨城縣最具代表性的景點，超過200公頃的廣闊面積，並種植十多種花卉及植物，一年四季都可賞花。以春季的粉蝶花及秋季的掃帚草特別受歡迎。兩者都種植在「見晴之丘」園區，盛開時會佈滿整個山坡，猶如鋪了一片鮮艷地毯。

　　美景的背後卻是蘊含著當地人的願望與努力，「見晴之丘」在二戰後曾一度為美軍的炸射練習場，後來在周邊居民的反對下終於收回，整備成象徵和平的公園，並刻意打造天地一色的蔚藍奇觀。遍地的粉蝶花在11月便要開始種植，80人播種及悉心照顧，等到4~5月花落，6月又要開始種植掃帚草。對遊客來説只是一至兩周的賞花活動，卻是園方全年花心思的成果。

　　公園內還設有其他園區、遊戲設施、餐廳、伴手禮商店等，要慢慢逛完整個公園可能要花上半天，若只逛見晴之丘的話，1~2小時便足夠。

花季時的注意須知

→ 特別收費及通票

在粉蝶花及掃帚草花季期間，入場費會額外收取350日幣季節費用。同時發售各種優惠套票，例如國營常陸海濱公園與足利花卉公園的套票，可以查閱官網了解最新資訊。

→ 特別交通安排

如利用大眾運輸工具前往，在特定期間會提供臨時直通巴士來往國營常陸海濱公園與勝田車站或阿字浦站。其中，來往阿字浦站的免費接駁巴士會停靠在距離見晴之丘最近的海濱口。

↑公園入口。

→ 參觀建議

在粉蝶花及掃帚草花季期間，整個見晴之丘都是人山人海，想要拍攝空景的話，務必在開園時間就要入園。如果打算利用大眾運輸工具前往，從東京出發時，即使乘搭首發列車也未必能趕上開園時間，建議提前一天在茨城縣住宿較佳。

*小提醒
公園的一般開園時間是9:30，粉碟花季則於7:00開門。假設從常磐線特急的始發車站「品川」出發，最早班次是6:45，預計9:11抵達阿字浦站，之後還必須轉乘巴士；若是利用普通常磐線，日暮里的始發是5:14，預計7:57到阿字浦站，也難以趕上7點開園時間。

↑往來公園及車站的臨時直通巴士。

←園內有收費的遊覽車接送遊客到不同園區。

在花田開心拍照！

1　2
3
1.色彩繽紛的鬱金香花田也很美。　2.與Hello Kitty合作的商品。　3.放上粉蝶花餅乾的霜淇淋。

@ 常陸那珂海濱鐵道湊線鐵路遊

常陸那珂海濱鐵道是有著超過110年歷史的當地鐵路，因為長年赤字而曾面臨廢線，幸得日立市茨城交通共同出資及接手，在一連串活化企劃下竟實現了接近盈利的復甦，可謂地方鐵路的奇蹟之一。鐵路全長14.3公里，連接勝田站到阿字ヶ浦站共11個車站，可前往許多周邊景點。

One Day Trip □ 一日推薦遊

9:30 國營常陸海濱公園賞花 → 12:00 阿字浦站 → 步行 2 分鐘 → 地瓜乾神社拜拜 → 步行 15 分鐘 → 酒列磯前神社觀賞鳥居海景 → 步行 10 分鐘 → 磯崎站搭乘鐵道／公車 → 13:30 那珂湊魚市場吃海鮮午餐 → 步行 16 分鐘 → POTATOLABO 購買地瓜甜點伴手禮 → 14:51 那珂湊搭乘鐵道 → 15:06 到達勝田站，轉乘 JR 常磐線 → 15:41 日立站在咖啡廳欣賞海景 → 17:00 搭乘 JR 回東京

地瓜也可以有神社？《地瓜乾神社》

🏠 地址：茨城縣ひたちなか市阿字ヶ浦町178番地
🚶 如何抵達：常陸那珂海濱鐵道湊線「阿字ヶ浦」站步行2分
🌐 網址：https://horide-hachiman.com/

日本神社文化源遠流長，幾百年歷史都不罕見，這座在2019年才落成的神社卻顯得特別。那珂這一帶自明治時代已盛產地瓜乾，為了推廣這道當地特產，於是在令和元年特別建立了地瓜乾神社。

金黃色的鳥居相當簇新，一整排鳥居也成為網美景點，成功達到宣傳效果。你可能會好奇，地瓜乾也在存在神明？這裡供奉地瓜乾始創者之一的小池吉兵衛先生。地瓜乾的日語「ほしいも」與想要的物品「ほしいもの」相近，因此帶有可獲得想要的一切的好運。

→
還有地瓜乾御神籤。

↑
上：黃金鳥居是打卡熱點。
下：地瓜乾形狀的繪馬。

景色與幸運滿載《酒列磯前神社》

⌂ 地址：茨城縣ひたちなか市磯崎町4607-2
🚶 如何抵達：常陸那珂海濱鐵道湊線「磯崎」站步行10分
🌐 網址：https://sakatura.org/

在856年，神明出現在大洗磯前海岸，因此建立了現在的酒列磯前神社。參道兩旁的野山茶花與紅楠的樹齡已超過300年，茁壯的樹枝形成了一段綠蔭隧道，神社本殿也散發著莊嚴氛圍。

神社供奉的少彥名命既是醫療藥學的祖神，也是釀酒、溫泉、智慧的神明，無論是身體健康、學業，甚至海上安全、漁業都保佑。這裡還以中彩票聞名，曾有中大獎者就向神社奉獻了一尊烏龜石像，來到這裡的信眾也會祈求中獎的能力。

↑
神社外的綠蔭參道。

迷人鳥居！可以遠眺海岸，成為遊客必拍景點。

↑
各種御守保佑不同事情。
↓
有趣的鯛魚御神籤。

191

在漁港旁嚐鮮《那珂湊魚市場》

🏠 地址：茨城縣ひたちなか市湊本町19-8
🚶 如何抵達：常陸那珂海濱鐵道湊線「那珂湊」站步行10分
🕐 營業時間：每家商店不同　定休日：每家商店不同
🌐 網址：https://www.nakaminato-osakanaichiba.jp/

　　那珂湊漁港作為北關東最大型的漁港，而那珂湊魚市場可說是佔盡地利之便，為遊客提供各種新鮮海產。市場內主要有11家商店及餐廳，規模比東京築地市場要小，但熱鬧程度卻不輸。尤其兩家專門販售海產的商店，店員竭盡力氣叫賣，門口擺放著堆成小山的牡蠣，現開現吃保證新鮮。

　　市場內的餐廳基本都是提供海鮮料理，以海鮮丼及壽司為主，還有迴轉壽司，每家都很有人氣，可別錯過！

↑
上：市場內有多家餐廳。
下：市場其中一個入口。
↓
左：很多客人在選購海鮮。
右：擺出新鮮漁產。

1 2 3　　　1.還有魚肉加工食品。　2.帆立貝5個1,000日幣。　3.魚乾一盒也是1,000日幣左右。

↑
餐廳「海鮮丸」門口。

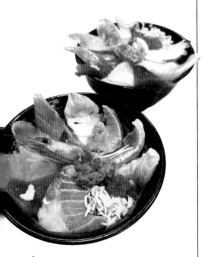

↑
海鮮丼上鋪滿生魚片。

↑
吃到最後加高湯變茶泡飯。

百變地瓜甜點《POTATOLABO》

⌂ 地址：茨城県ひたちなか市釈迦町21-21
🚶 如何抵達：常陸那珂海濱鐵道湊線「那珂湊」站步行2分
🕐 營業時間：10:00～18:00　定休日：無
🌐 網址：https://potato-labo.jp/

　　地瓜乾作為茨城縣特產，但那獨特的口感可不是人人都習慣。POTATOLABO是一家地瓜甜點專門店，除了使用當地產的紅春香品種製成的地瓜乾，還可找到地瓜片、地瓜條、地瓜餅乾、地瓜焦糖布蕾、地瓜奶昔等各式各樣商品，盡情享受那香甜滋味，也是購買伴手禮的好地方。

↑
店舖門口。
←
可口的地瓜脆片。

↑
不同款式的地瓜點心。
→
可以購買烤地瓜現場享用。

Good Design賞網美車站與咖啡廳《SEA BiRDS CAFÉ》

⌂ 地址：茨城縣日立市旭町1-3-20
🚶 如何抵達：JR常磐線「日立」站步行1分
🕐 營業時間：7:00〜22:00 定休日：無
🌐 網址：http://seabirdscafe.com/

不負「日立」稱號的美景！提供遊客眺望海景區域，不論是日出日落，看見天空的變化。

日立站雖然不在常陸那珂海濱鐵道線上，但從總站勝田站轉乘，而且也在來往東京的JR常磐線上，排進行程中也很方便！看到「日立」的字樣，相信很多人都感到熟悉，正是那大名鼎鼎的家電品牌「日立」的發源地。不過，日立的工廠並沒有開放參觀，反而可以在車站逛逛。

2011年落成的車站，是由日立市出身的著名建築家妹島和世所設計，由多面落地玻璃所組成，面向美麗的海岸，巧妙的設計讓它獲得日本Good Design賞及國際鐵路設計大賽布魯內爾獎。

咖啡廳SEA BiRDS CAFÉ，就像設在凌空的玻璃盒子之中，可在海天一色的景致中享用甜點或使用茨城縣蔬菜的餐點。請注意靠窗座位為預約優先。

↑
左：SEA BiRDS CAFÉ咖啡廳提供甜點與輕食。
右：香蕉奶油鬆餅。

↑
咖啡廳的外觀。

踏著自行車穿梭田園間
《土浦市筑波霞浦林林單車道》

常陸那珂市＋土浦

↑
專門為車手而設的「土浦林林單車廣場」。

⌂ 土浦車站地址：茨城土浦市有明町 1-30
🚶 如何抵達：JR常磐線「土浦」站步行1分
🌐 網址：https://www.ringringroad.com/

　　在日本，自行車是常用的交通工具，不過東京街道狹窄人多，對於旅客來説不是個自行車旅遊的好地方。如果想要透過自行車觀光，土浦市的筑波霞浦林林單車道就相當適合。

　　首次到訪土浦市時，完全被當地的自行車規劃所震撼，自踏出車站一刻，便可看到鋪天蓋地的自行車設施，各種放置自行車的車架、免費修理台、大型自行車裝備店及租借服務，無論是自行車新手，還是專業愛好者，都會得到最好的支援。

↑
車站周邊有大型自行車商店。

　　茨城縣積極推動自行車，在2023年2月更與臺灣的大東北角觀光園結下觀光友好交流協定，互相推廣兩地的單車道，在自行車愛好者間早已是廣受認知。

↑
左：單車道有完善規劃。　右：在田園間騎車超悠閒。

↑
沿著霞浦湖岸騎車。

---

travel notes

筑波霞浦林林單車道
推薦兩條路線

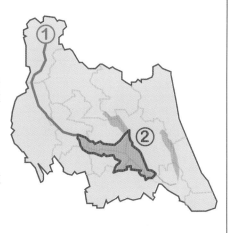

①舊筑波鐵道路線約40km
沿路設有6個休憩站,相對輕鬆且適合新手。隨著
路線會經過櫻花聞名的北条大池、古色古香的街道
等,享受不同景色。
參考網站:https://cycling.pref.ibaraki.jp/ride-plan/
tsukuba-ringring/

②霞浦1周短路線約90km
需要較多體力。路線會經過予科練平和記念館、道
之驛等景點,可以中途停車觀光一下!
參考網站:https://cycling.pref.ibaraki.jp/ride-plan/
kasumigaura-short-2/

Part. 3

忘記時間，
暢快休息與玩樂

車程時間→2小時以上　適合行程→3天2夜

這邊的路線需要費心抵達，請好好地在當地休息，再來藉由社寺、
美食小吃，泡個暖呼呼的湯，洗去一身疲憊，補充元氣吧！

USABURO KOKESHI

OPEN

卯三郎
こけしカステラ
あります

地點→富士山、日光、宇都宮、足利、濱松、草津、伊香保、四萬

湯
の
花
パ
ン

市内循環バス きぶな
宇都宮市
宮島町　　餃子通り
宇都宮二荒山神社下
関東バス

やしおの湯

3 天 2 夜

Route.
やまなし
しずおか
1

Yamanashi-ken
Shizuoka-ken
Fujisan

**山梨縣＋
靜岡縣**

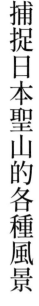

捕捉日本聖山的各種風景

《富士山》

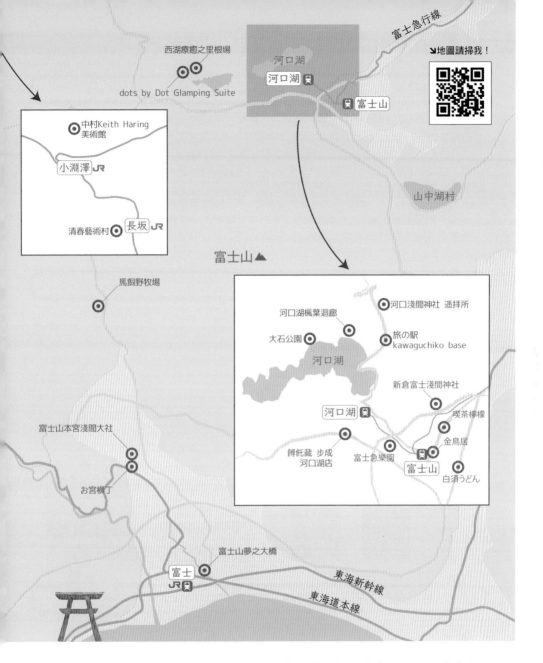

富士急行線

↘地圖請掃我！

西湖療癒之里根場

河口湖

河口湖

富士山

dots by Dot Glamping Suite

中村Keith Haring
美術館

小淵澤 JR

山中湖村

清春藝術村 長坂 JR

富士山 ▲

河口淺間神社 遙拜所

河口湖楓葉迴廊

旅の駅
kawaguchiko base

馬飼野牧場

大石公園

河口湖

新倉富士淺間神社

河口湖

喫茶檸檬

富士山本宮淺間大社

餺飥藏 步成
河口湖店

富士急樂園

金鳥居

お宮橫丁

富士山

白須うどん

富士山夢之大橋

富士

JR

東海新幹線

東海道本線

富士山，不只為日本最高的名峰，也代表一種文化象徵。這座海拔約 3,776 公尺的龐大山峰橫跨山梨縣和靜岡縣，凡是現場看到的人，總會為它的宏偉而嘆為觀止，也成為當地的最佳背景。在富士山的襯托下，平平無奇的便利商店、天橋也變得夢幻，讓人想要按下相機快門。在這兩個縣內也有各式各樣的景點供遊客去欣賞富士山，透過不同的構圖，記錄下日本標誌性的風景。

春夏秋冬面貌各不同

對於富士山的印象是什麼呢？應該就是戴著白色雪冠的山吧，如果你是夏季到訪，可能會有點「陌生」，因為富士山在融雪後變成一片黑黑灰灰的山峰。

由於富士山的高度，山頂的最低氣溫常在零度以下，因此在9月~10月會開始降下初雪，11月~12月起則會看到雪化妝的富士山。4月~5月時融雪，近年來，因為全球暖化且氣溫上升，降雪的日期也有延後的可能性。

此外，6月~7月為梅雨季節，陰天機率大，富士山常被烏雲遮擋住，難以看到完整的模樣。高濕度也會導致天空看起來白濛濛一片，讓富士山的身影更顯模糊。如果是以拍攝富士山為旅遊目的，可要慎選合適的月分。

神出鬼沒的富士山

想要看到完整的富士山很講運氣，天氣是最大影響因素，即使是晴天也可能一撮白雲蓋頂，陰天或雨天更難看到它的身影。建議在出發前一週參考最新天氣預報來確定旅程中哪天前往。如果是當天來回的隨性旅行，更可以在早上參考山梨縣和靜岡縣的官方現場直播，網站內貼心地提供多個景點的實況，確定能看到富士山再出發。

啊！被雲遮住了啊！

現場實況直播網站　↘靜岡縣　↘山梨縣

遵守規則不要影響當地人

旅客為了拍照任意橫跨馬路、太多人聚集衍生環境髒亂問題等，周邊居民對此不堪其擾。因此，某家能拍到富士山的便利商店就設置了黑幕遮擋，希望能遏止亂象。現在不少景點也都會設立標示提醒旅客務必遵守規則。任何拍攝皆以不影響當地居民及保持安全為原則，不要亂闖私人土地，做個高修養的旅客。

富士山 X 花海 享受自然美
《大石公園＆富士大石花園平台》

🏠 地址：山梨縣南都留郡富士河口湖町大石1477番1
🚶 如何抵達：「河口湖」站乘搭河口湖周遊巴士，在「河口湖生活館」站下車，徒步2分
🕐 營業時間：公園24小時開放，商店每家不同 定休日：無
🌐 網址：https://www.fujioishihanaterasu.com/

位在河口湖旁的公園，園內種植90種以上的花卉，不論是哪個季節到訪，都可以欣賞到色彩繽紛的花兒們與富士山的合影，以春季的芝櫻、粉蝶花，夏季的薰衣草，以及秋天的掃帚草最有名。花圃範圍不算很大，園內設有河口湖自然生活館販售伴手禮與多種口味的霜淇淋，吸引許多旅客排隊購買。

↑
薰衣草與被雲蓋住的富士山合影。

↑
歐風小屋的商店與餐廳帶來優雅氛圍。

一些關於富士山的商品

時髦又可愛的小店！有精緻的雜貨與餐點

來自山梨縣的桃子聖代！這是「葡萄屋kofuハナテラスcafé」的水果甜點。

📷 在雲霄飛車塔頂看富士山《富士急樂園》

↑
富士急樂園入口。

> 🏠 地址：山梨縣富士吉田新石原5丁目6番地1號
> 🚶 如何抵達：富士急行線「富士急樂園」站徒步1分
> 🕐 營業時間：每天不一，請參考官網時間表 定休日：不定休
> 🌐 網址：https://www.fujiq.jp/zh-CHT/index.html

　　富士急樂園以刺激遊樂設施聞名，像是獲得金氏世界紀錄認證的雲霄飛車，其高度及速度，單是在旁觀看列車啟動、飆速，就讓人腎上腺素直升，園內總是會傳來陣陣尖叫聲。

　　樂園還有一大特色是，乘坐設施時，升到制高點可以在半空中眺望富士山。如果膽量不足，也可以選擇觀景台設施「Fujiyama- 過山車之王天空甲板」，把雲霄飛車Fujiyama約55公尺高的設備檢修處改建成觀景台，山麓風景一覽無遺，還可以為乘坐雲霄飛車的朋友留下紀念照。若你不畏高的話，也可挑戰空中散步，以及巨型管狀滑梯體驗20秒滑落到地面的快感。

　　富士急樂園免費入場，遊樂設施需額外單次收費，或也可以購買一日通票無限搭乘，請實際到訪現場視乎情況再決定怎樣玩，安排旅程更有彈性。

↑
上：湯瑪士小火車的遊戲設施。
下：動漫《火影忍者》主題園區。

> 在甲板上，幫朋友拍照！

> 🗻 富士山 GET！

204

📷 時光倒流古老村莊《西湖療癒之里根場》

> 🏠 地址：山梨縣南都留郡富士河口湖町西湖根場2710
> 🚌 如何抵達：「河口湖」站乘搭Green Line西湖周遊巴士，在「西湖いやしの里根場」站下車，徒步5分
> 🕐 營業時間：3月～11月9:00～17:00、12月～2月9:30～16:30 定休日：無
> 🌐 網址：https://saikoiyashinosatonenba.jp/

位在西湖湖畔與在富士山背景下，由約20棟茅葺屋頂房屋組成的觀光設施，打造出日本昔日村落環境，現場充滿濃厚的時代感。每一棟房屋都有不同主題，有些單純開放旅客休憩，有些展示藝術品，也有陶藝體驗工房及各種商店與餐廳。

最受旅客歡迎的莫過於付費的和服體驗，無需預約便可進行。穿上和服走在老房子裡，彷彿穿越江戶時代，留影更添風情。

←
左：難得一見的茅葺屋頂房屋。
右：園內的伴手禮商店。

↑
在和風環境中品嚐丸子特別有風味。

富士山 GET！

一邊看著富士山一邊享受豪華露營
《dots by Dot Glamping Suite 001》

> ⌂ 地址：山梨縣南都留郡富士河口湖町西湖字根場2797
> Ⓐ 如何抵達：「河口湖」站乘搭Green Line西湖周遊巴士，在「西湖いやしの里根場」站下車，徒步2分
> ⏱ 入住時間：15:30～翌日11:00
> 🌐 網址：https://dots.dot-glamping.com/

　　2023年才開幕的dots by Dot Glamping Suite 001由在地台灣人所經營，可用中文溝通聯絡更方便。選址在富士五湖之一的西湖，遠離人多的河口湖及山中湖，享受寧靜的環境。

　　旅客可利用自助Check-in/out入住，獨享營地內所有設施。廣闊的營地設有圓頂睡房帳篷、透明客廳帳篷、廚房、衛浴、三溫暖、露天浴池及榻榻米平台。蒸三溫暖、泡澡紓解疲憊，躺在榻榻米上舒展身體，使用投影機自製戶外影院，或是躲在帳篷內玩桌遊等。白天眺望富士山，晚上則可觀賞星空，在大自然的環繞下放鬆身心。

　　雖說是露營，但住宿所需的設備一應俱全，從床舖到盥洗用品都有。帳篷均安裝冷暖氣，寒冷的冬天或炎熱的夏天也不用擔心。在戶外環境免不了會遇到小昆蟲，但也算是露營的體驗之一。廚房內也會準備好豐富的食材及飲料，早晚餐只要簡單動動手便可享用大餐。在晚風的吹拂下大啖烤肉，早上喝著自己磨豆的咖啡曬日光浴，享受與親朋好友一起烹飪的樂趣。

　　豪華露營滿足了便利與享受戶外活動兩個願望，這也是近郊地區獨有的體驗，在都會中難以如此坐擁大自然環境，在富士山的背景下更是錦上添花，讓露營變成特別的回憶。

↑
左：營地內獨享兩個圓頂帳篷。
右：睡房帳篷內設備齊全。

左：晚上可在透明帳篷內享受娛樂設備。
右：有螢幕及投影機等。

富士山 GET！

1

2

3

1.廚房潔淨又容易使用。
2.營地提供的晚餐很豐富。
3.早餐享受熱壓吐司、優格等餐點。

📷 天橋變成爆紅網美景點《富士山夢之大橋》

⌂ 地址：静岡県富士市津田国道139号線
🚶 如何抵達：JR「新富士」站徒步28分或乘搭計程車約9分鐘車程

　　在2016年開通的富士山夢之大橋是近年突然竄起的人氣拍攝景點，原本只是連接國道139號及國道1號的普通天橋，由於站在天橋上可以拍出宛若通往富士山的獨特構圖（需要高效能的長鏡頭從遠處捉拍較佳）而成為打卡熱點。

　　因為是公共場所，並沒有禁止拍攝，但旅客的連續多起違規舉動受到當地政府關注。除了在車道之間設置圍欄防止遊客亂闖、增設停車場及流動廁所，樓梯周邊也擺放了告示提醒不要喧嘩滋擾周邊居民，前往時請多留意。

富士山 GET！

←
用一般相機從遠處拍攝只能拍到小小的人影。
↓
現場設置了多種語言的警告標示。

📷 有趣富士山照片輕鬆拍《馬飼野牧場》

> 🏠 地址：靜岡縣富士宮市內野1327-1
> 🚶 如何抵達：JR「富士宮」站／富士急行線「河口湖」站下車搭乘富士急行巴士，在「馬飼野牧場」下車
> 🕐 營業時間：9:30～17:30（10月21日～2月20日 9:30～16:30）定休日：4月～11月不定休，12月～3月中旬星期三、四
> 🌐 網址：https://www.makaino.com/

　　若想要和富士山合照，通常只能站著擺姿勢，而馬飼野牧場特別設置各式各樣的拍攝設施，可以在富士山的背景下盪鞦韆裝作飛往天空、爬上高聳椅子拉近與富士山的距離，或是與可愛的動物一起合照，能一口氣收集到多種特色打卡照。

　　馬飼野牧場園內寬曠，開闊的草地上飼養了馬、羊、兔子、天竺鼠等多種動物，旅客入場後可隨意購買飼料投餵，與動物進行友善接觸，很多家庭也會帶孩子來接觸大自然。園內外也設有咖啡廳提供甜點及料理，不要錯過自家牛奶製作的冰淇淋與乳製品，新鮮牛奶的清爽奶味教人一試難忘。

→
左：充滿奶香的霜淇淋。
右：園內可購買飼料餵動物。

把握各種可以跟富士山合照的機會！

←
爬上超高椅子與富士山合照。
↓
以富士山為背景的拍照小屋。

MAKAINO FARM RESORT

◇ 淺間神社特輯 ◇

富士山信仰與淺間神社

在山梨縣和靜岡縣有不少淺間神社,日本全國統計約1,300家,其中約38家位在山梨縣,靜岡縣更有約116家。淺間神社與富士山信仰息息相關,2013年以「富士山與信仰・藝術的關連遺產群」名義被登錄為世界文化遺產,受到國際認可。

淺間神社的起源可以追溯至富士山火山活動頻繁的時代,在孝靈天皇時期曾經大噴發,導致居民四散,土地荒廢。為了平息富士山的震動,在垂仁天皇時期於靜岡縣興建了首座富士山本宮淺間大社以鎮住富士山的神靈,成為淺間神社總本社。淺間神社供奉「木花之佐久夜毘賣命」,別稱「淺間大神」,被認為是火災消除、安產、航海、漁業、農業和織物業等守護神,同時是平息富士山噴發的水德之神。

富士山本宮淺間大社的本宮位在富士宮市,奧宮則在富士山頂上,富士山的八合目以上區域都屬於神社境內。在戰國時代,日本人已開始流行登山參拜,後來隨著富士山信仰的擴展而在全國各地建立不同的淺間神社,供信眾從遠處仰望富士山並進行參拜。

淺間神社的起源《富士山本宮淺間大社》

🏠 地址:静岡県富士宮市宮町1-1
🚶 如何抵達:JR「富士宮」站徒步10分
🕐 開門時間:11月～2月6:00～19:00、3月及10月5:30～19:30、4月～9月6:00～20:00 定休日:無
🌐 網址:http://fuji-hongu.or.jp/sengen/

將富士山的泉水帶回家!

作為淺間神社的總本社,富士山本宮淺間大社歷史源遠流長。1604年,德川家康為了慶祝關原之戰的勝利而下令建設約30所社殿,在屢次大地震後僅存本殿、拜殿及櫻門,其中本殿被指定為日本重要文化財,獨特的兩層建築又有「淺間造」之名,蘊藏著美麗的雕刻裝飾。

境內有一個湧玉池,由富士山的泉水流聚而成,水質清澈並全年保持攝氏13度清涼。池邊可捐獻200日幣購買空瓶裝泉水帶回家,記得要煮沸才可飲用喔!

←
上:可購買空瓶子盛水。
下:來自富士山的泉水。

→
繪馬是富士山圖案。

↑
左：入口處有巨大紅色鳥居。
右：神社本殿。

Plus 同場加映

品嚐靜岡縣B級美食《お宮橫丁》

> ⌂ 地址：靜岡県富士宮市宮町4-23
> 🚶 如何抵達：JR「富士宮」站徒步8分
> 🕐 開門時間：10:30～17:30 定休日：無

　　都來到了富士宮，怎能不嚐嚐當地美食：富士宮炒麵？在富士山本宮淺間大社周邊的美食街「お宮橫丁」共有6家小店販售炒麵、甜點、關東煮等，拿到餐點可以隨意在戶外座位享用。

　　靜岡縣版本的炒麵和關東煮，與一般口味稍有不同。富士宮炒麵使用當地製的麵條及蔬菜，麵條較有咬勁，再以自家調配的醬汁與食材於鐵板上拌炒後，表面灑上沙丁魚粉、青海苔及紅薑絲，比起其他地方的炒麵帶有鮮味。

　　而靜岡版的關東煮則是以醬油調味過的黑高湯來燉煮，以靜岡縣產的「黑半片」魚糕為首的食材用竹籤串起，吸飽湯汁後會變得深茶色，最後灑上柴魚粉及青海苔享用。味道比平常的關東煮似乎更濃郁一點，在寒冷的秋冬享用會讓身心都溫暖起來。

↑
上：好吃的關東煮店。
下：橫丁內設有不少座位。

↑
當地美食富士宮炒麵。
←
靜岡縣版本的關東煮會灑上柴魚粉及青海苔。

山上的天空鳥居《河口淺間神社 遙拜所》

⌂ 地址：山梨県南都留郡富士河口湖町河口1119-2
🚶 如何抵達：「河口湖」站乘搭「甲府·大石プチペンション村行き」富士急巴士，在「河口局前」站下車，徒步10分至河口淺間神社，再徒步30分至遙拜所
🕐 開門時間：24小時開放 定休日：無
🌐 網址：https://fujisan-yohaijo.jimdofree.com/

為了讓信眾體驗遙距參拜、修行、登山參拜，於是建立位於河口淺間神社與母之白瀑布之間的遙拜所，從神社徒步約30分鐘即可到達，但山路陡峭，如果駕車前往建議直接開至山上的停車場。

進入遙拜所需支付100日幣營運協助金，境內非常簡單，只有一座紅色鳥居，面向著宏偉的富士山。旅客可以在鳥居前參拜及拍照，夏季的平日下午旅客不算太多，假日可能會出現大排長龍的情況，請保持秩序排隊，不要長時間獨佔拍照。

↑
鳥居後方是巨大的富士山。

↑
淺間神社供奉磐長姬女神。

↑
鳥居旁有小餐車提供飲料。

眺望富士山與五重塔合影《新倉富士淺間神社》

🏠 地址：山梨縣富士吉田市淺間2-4-1
🚶 如何抵達：富士急行線「下吉田」站徒步5分
🕐 開門時間：24小時開放　定休日：無
🌐 網址：https://www.arakurafujisengen.com/

　　在705年創建的神社，入口的大鳥居掛著由平城天皇親筆題字的「三國第一山」御筆匾額。戰國時期，武田信玄的父親信虎曾在此神社祈願戰勝，最終獲勝後奉納了刀，境內保存了許多珍貴的歷史文物。

　　神社所在的新倉淺間公園林木蔥鬱，從本殿爬上398級階梯（也有緩坡可以選擇）來到山腰就會看到高聳的五重塔「忠靈塔」。再稍往上爬至觀景台能看到富士山與五重塔的合影。園內種了650棵櫻花，春季滿開時景色更是如夢如幻。

↑
上：神社的社殿。
下：眺望五重塔的觀景台。

←
天氣好的時候可以看到富士山。

可愛的富士山造型籤

富士山信仰世界的入口
《金鳥居》

> ⌂ 地址：山梨県富士吉田市上吉田1-10附近
> ⓧ 如何抵達：富士急行線「富士山」站徒步5分

　　此為富士山吉田口登山道的第一道鳥居，又有「一之鳥居」的別稱，被信眾認為是劃出富士山信仰世界的境界線。巨大的鳥居設在馬路之上，道路延伸一直通往富士山。在古時這座鳥居原名為「唐銅鳥居」，唐銅是指從中國（唐）傳入的金屬，後來慢慢演變成「金鳥居」。儘管並非金光閃閃，但作為富士山的入口仍讓人感到神聖威嚴。

↑
設置在街道上的大鳥居。

@原來山梨縣還可以這樣玩！

餺飥比賽三連勝的名店《ほうとう步成河口湖店》

must know

山梨兩大麵食──
餺飥 VS. 吉田烏龍麵

　　餺飥和吉田烏龍麵都是山梨縣的鄉土料理，由於縣內山間地區氣候寒冷，加上富士山的泉水水源不穩定，難以栽培稻米，便以白桑及小麥等為主要農作物，培養出麵食文化。兩種麵條雖然是粗壯的，餺飥的口感Q軟，而吉田烏龍麵較有強硬嚼勁，不妨兩種都可以嘗試，找出適合自己的口味！

在山梨縣到處都可以看到富士山，即使這座變幻莫測的山峰常躲在雲朵後，還是有其他各種享受旅遊的方式。山梨縣的優美自然環境、當地美食，還是當代藝術寶庫，讓人忍不住想要探索！

⌂ 地址：山梨縣南都留郡富士河口湖町船津6931
Ⓐ 如何抵達：富士急行線「河口湖」站徒步23分
🕐 營業時間：11:00～21:00　定休日：無
🌐 網址：https://www.funari.jp/

曾在日本第一餺飥比賽中獲得三連勝，登上殿堂級別的名店，吸引日本國內與海外旅客到訪，中午時分座無虛席，不過店面寬敞，翻桌率也很快的。菜單十分簡單，以黃金餺飥麵為中心，加上鮑魚的豪華版或期間限定口味，還有一些小菜與飲料。

黃金餺飥麵可選豬肉或雞肉，鐵鍋中裝滿熱騰騰的湯麵，味噌湯頭因為加入南瓜醬而偏黃，融合了肉類與各種蔬菜的鮮味，依附在扁平的粗麵條上，吃完會溫暖身心。

←
上：挑高的店面。
下：豬肉黃金餺飥麵以鐵鍋盛裝。

人氣老舖烏龍麵《白須うどん》

⌂ 地址：山梨縣南都留郡富士河口湖町河口521-4
Ⓐ 如何抵達：富士急行線「富士山」站徒步22分
🕐 營業時間：11:00～15:00　定休日：星期日
🌐 網址：https://www.instagram.com/shirasu_udon.fujiyoshida/

吉田烏龍麵有第一硬度烏龍麵之稱，在昭和初期富士吉田以纖維業為主，為了解決繁忙工作中的解飢問題，想要簡單製作又能持久飽足感，因而製作出帶有嚼勁的烏龍麵。

白須うどん從1989年開業流傳至今已第三代，常有雜誌及電視節目介紹而小有名氣。烏龍麵可選擇湯麵或沾麵，醬油味噌製作的高湯搭配高麗菜，享受到麵條的純粹滋味。

←
吉田烏龍麵比一般烏龍麵條較粗。

懷舊商店街注入時尚氣息《喫茶檸檬》

🏠 地址：山梨縣富士吉田市下吉田2-2-27
🚶 如何抵達：富士急行線「下吉田」站徒步8分
🕐 營業時間：11:00〜17:00 定休日：星期三、四
🌐 網址：https://www.instagram.com/kissa_lemon/

　　富士吉田市的本町通商店街以能拍攝富士山與街景聞名，雖說景色吸引許多旅客前往，但實際到了現場會發現營業的店舖只有寥寥數家。在這懷舊又帶點蕭條的街道上有一家「格格不入」的時尚咖啡廳。由日本藝術總監及平面設計師千原徹也所打造的咖啡廳，店內一面模仿錢湯風格的富士山牆壁與時髦的裝潢展示了新舊融合的魅力。偶爾還會舉行各種工作坊及活動，推廣藝術與當地人交流。

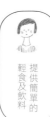

提供簡單的輕食及飲料

←
店內的富士山
牆壁很吸睛。

山梨特產大買特買《旅の駅 Kawaguchiko Base》

🏠 地址：山梨縣富士吉田市上吉田3296-1
🚶 如何抵達：「河口湖」站搭乘河口湖周遊巴士(Red Line)，在「音楽と森美術館／ほとりのホテルBan」站下車，徒步10分
🕐 營業時間：9:30〜17:00 定休日：無
🌐 網址：https://www.kawaguchikobase.com/

　　2022年在河口湖開幕的商業設施，約1萬3千平方公尺的伴手禮賣場，併設美食廣場，空間寬敞較好逛。從經典伴手禮的桔梗信玄餅、富士山造型的商品到新鮮蔬果等，集合大部分山梨縣的特產，還有自家品牌的點心與調味料，可以一次買到不同種類的伴手禮。

沉浸於普普藝術世界《中村 Keith Haring 美術館》

⌂ 地址：山梨縣北杜市小淵沢町10249-7
🚗 如何抵達：JR「小淵澤」站乘搭計程車，車程約8分
🕐 營業時間：9:00～17:00　定休日：不定休
🌐 網址：https://www.nakamura-haring.com/

　　沒想到美國新普普藝術家凱斯・哈林（Keith Haring）唯一的美術館竟然設於日本山梨縣的山間中？美術館設立者中村和男從1987年起收集了約200多件凱斯・哈林的作品，並刻意選擇自然豐富的八岳來興建美術館，建築物由日本現代建築帥北川原溫設計，帶出「從混沌到希望」的主題。

　　館內不只展出凱斯・哈林的藝術作品，整個空間也富含巧思，讓人感受到作品中的「人類隱秘的狂氣」和「生與死」等訊息。有附設的咖啡廳及商店，單純享受時尚氛圍也會滿足。

1 2 3 　 1.運用整個空間展示作品。
2.販售各式各樣的主題商品。
3.藝術品都很好拍。

滿滿山梨特產！

名建築與藝術的培育之地《清春藝術村》

⌂ 地址：山梨縣北杜市長坂町中丸2072
🚶 如何抵達：JR「長坂」站搭乘北杜市民巴士3號車西線日野春車行
き，在「中丸公民館南」站下車，徒步約3分
🕐 營業時間：10:00～17:00　定休日：星期一
🌐 網址：https://www.kiyoharu-art.com/

↑
建築作品「茶室 徹」。

1977年，在東京經營畫商的吉井長三與多位日本白樺派的作家、畫家、建築家等一同到訪清春這片地方，並把廢校的遺址改建成培育藝術家創作及交流園地。後來清春陶藝工房、清春白樺美術館等陸續開幕，打造成今天的清春藝術村。

遊客可以隨意遊覽每家畫廊及美術館，其中由建築家藤森照信設計的「茶室 徹」及安藤忠雄「光之美術館」特別受到注目。呼吸著帶青草味的新鮮空氣，名建築與四季變化的自然融為一體，映在眼中每一片景色都是獨一無二的藝術品。

↑
清春白樺美術館的入口。

↑
光之美術館的內部。
←
不同角度欣賞建築設計。

秋季限定華麗紅葉隧道《河口湖紅葉迴廊》

🏠 地址：山梨県南都留郡富士河口湖町
🚌 如何抵達：「河口湖」站乘搭河口湖周遊巴士(Red Line)，在「久保田一竹美術館」站下車，徒步約20分
🕐 富士河口湖紅葉祭活動日期：10月下旬～11月上旬（每年舉行日期不一）
🌐 網址：https://kitakawaguchiko.co.jp/

河口湖是熱門的賞紅葉名勝，圍繞湖畔約400~500棵楓木會隨著秋季的來臨而轉紅，把景色染成一片亮麗的紅色。其中以紅葉迴廊景點最受歡迎，約350公尺的道路上兩排楓樹打造出紅葉隧道，夜晚點燈後，昏暗夜色下燈光照亮紅葉，充滿夢幻秋日氛圍。這裡還會成為富士河口湖紅葉祭的主會場，周邊將設有許多攤販，熱鬧非凡。

→
紅黃葉交錯的景色。

route2_ 世界知名的自然寶庫
日光、宇都宮、足利

栃木縣作為關東地方最大的縣份，雖然位在內陸，遠離海洋，但群山連綿，河流入海，自然繁盛，農業、工業及旅遊業都發展蓬勃。其中，觀光景點日光東照宮及足利花卉公園都是在海外享負盛名，華麗的神社、美麗的花卉、壯觀的採石遺址，來到這裡，怎能不安排三天兩夜好好的玩一下，欣賞大自然與歷史遺留下的鬼斧神工。

栃木縣

日光

吸引世界各地旅客來訪的人氣觀光地

時隔快10年再訪日光，街道上的古樸氛圍不變，但海外旅客數卻是翻倍增長。在疫情後日幣貶值的影響下，景點有大量旅客造訪，早已見怪不怪。不知道是因為世界遺產的名氣，日光的英語系旅客比例特別高，連帶當地人的服務也變得國際化起來，餐廳的阿姨、公車的司機、寺廟的住持都會主動用英語與旅客溝通，在大都會的東京生活這麼久也沒看過這景象！

↘地圖請掃我！

東武鬼怒川線

62號縣道

下今市

東武日光線

日光二荒山神社

日光東照宮

西參道茶屋

日光山輪王寺

BEAMS JAPAN 日光

TENTO chocolate 日光本店

meguri coffee

雲IZU日光店

Yuba-gozen Sun Field

日光街道

東武日光

JR 日光

東武日光線

日光線

超搶手觀光列車——SPACIA X特急列車

交通便利應該也是日光受歡迎的原因之一，從東京搭乘特急列車約2小時便可直達日光，因此一天來回也很方便。

東武鐵道在2023年7月正式運行SPACIA X特急列車來往東京淺草及栃木縣，列車的車廂設計及服務都升級。SPACIA X的6個車廂提供6種不同座位，從標準座位、豪華座位、半包廂座位，到配有U型沙發的私人包廂都有，可與旅伴享受私密空間。

SPACIA X設有咖啡廳櫃檯，提供精選飲料和食物，可以在車程中吃吃喝喝。不過想要在咖啡廳消費有使用須知，咖啡廳櫃檯隨時開放給1號及6號車廂的乘客，其他車廂的乘客需要利用QR code預約網路整理券，然後在指定時間內前往櫃檯。建議一上車就先預約，就能早點取餐享受美食，不然2小時一瞬間就過去了！

車票也建議先在網站上購買，有中、英文介面不難操作，購買後會收到憑證，在指定時間自行搭乘便可。不過列車實在太搶手了，尤其是包廂座位，最好是提前數星期便預約。

↘詳情請見
官網購票

1　2　　1.列車外觀也比較時尚。　2.設有舒適的座位。
3　4　　3.1號車廂的客艙交誼廳。　4.可注入啤酒的機器。

其他交通方式

　　日光有兩個鐵路車站：JR日光站及東武日光站，除了SPACIA X特急列車，JR和東武鐵道公司共同經營的特急列車SPACIA日光、鬼怒川也來往東京新宿及日光，並途經池袋站。

　　如果從東京車站出發的話，可選擇搭乘JR東北新幹線前往宇都宮站，再轉乘JR日光線抵達日光。

列車	來往車站	車程	價格	官方網站
SPACIA X特急列車	淺草⇔東武日光	約1小時50分	1,393日幣＋指定席價格（根據座位收費不一）	
SPACIA日光、鬼怒川特急列車	新宿⇔東武日光	約2小時	1,990日幣＋指定席價格（根據座位收費不一）	
JR東北新幹線+JR日光線	東京⇔宇都宮⇔JR日光	約2小時	東北新幹線自由席2,510日幣＋日光線2,640日幣	

日光及周邊交通指南

　　日光及周邊景點如鬼怒川溫泉、湯元溫泉等可利用鐵路或巴士前往。而日光車站與日光東照宮距離超過30分鐘步程，雖然沿途有不少餐廳及商店，但需費不少腳力，可利用巴士在中途上下車縮短步行距離。

　　東武鐵道推出電車與巴士的優惠通票「NIKKO PASS」，分ALL AREA版本及world heritage area版本，任乘指定巴士及鐵路，並可在指定設施及商店等獲得折扣優惠。

↑
在日光運行的巴士。

↘NIKKO PASS
官方網站

@ 參觀世界文化遺產二社一寺

大部分旅客前來日光，基本上，都是為了日光東照宮；其實，更不能遺漏日光東照宮旁的輪王寺與日光二荒山神社，世界文化遺產是以「日光的神社與寺院」之名所登記。三家神社與寺廟統稱為「二社一寺」，彼此之間只有幾分鐘步行距離，花個半天就可以一口氣參觀所有。

華麗細緻的《日光東照宮》

⌂ 地址：栃木県日光市山内2301
🚶 如何抵達：東武巴士「日光東照宮」站步行約1分
🕐 營業時間：4月1日~10月31日9:00~17:00、11月1日~3月31日9:00~16:00　定休日：無
🌐 網址：https://toshogu.jp/

位在日光山上的日光東照宮作為德川家靈廟，祭祀江戶時代初代將軍德川家康。參拜門票成人價格1,600日幣，票價偏高，但進去後卻會發現物超所值。境內非常廣闊且很多看點，高聳的五重塔、華麗的本殿、被自然包圍的奧宮，可不能錯過。

↑
日光東照宮的門票。

↑
左：保佑身體健康及長壽的御神酒。　右：遊客都聚在鳥居前拍照。

#精緻的建築與雕刻

日光東照宮採用了「權現造」建築樣式，即正殿與拜殿之間相連。神社動用木工170萬人、雜役280萬人大量人力物力建造而成，社殿有著瑰麗的雕刻、彩繪以及金屬裝飾等，展現與眾不同的氣派。

#代表性的「動物明星」

日光東照宮中有兩位動物明星：猴子及貓咪。古時人們認為猴子能保護馬匹，於是在神厩舍（馬廄）上雕刻許多猴子圖案。其中有「三猿」的蓋著眼睛、耳朵及嘴巴，象徵非禮勿視、非禮勿聽及非禮勿言。另一個則是祈禱殿上的「睡貓」，據說是雕刻職人左甚五郎的作品，栩栩如生的模樣值得欣賞。

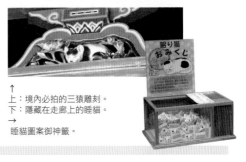

↑
上：境內必拍的三猿雕刻。
下：隱藏在走廊上的睡貓。
→
睡貓圖案御神籤。

#神木守護奧宮

穿過「睡貓」的祈禱殿是前往奧宮的一道長樓梯，共有270級可要有心理準備。位在高處的奧宮是德川家靈的墳墓，那裡還有樹齡600年的杉木，據說可以實現信眾的願望。

#讓人驚訝的鳴龍

參拜門票有兩小格，踏入表門時會撕掉一小格，可不要急著把門票扔掉，因為進入藥師堂時還要再檢查一次。在藥師堂內可體驗獨特的鳴龍現象，旅客排隊分批入內，住持會先以日、英文解說，於龍畫像的天花板下拍打木板，到了龍頭之下則會引發多重回響，猶如龍在鳴吼。旅客們聽到殘響時都不禁露出驚奇的表情，由於殿內不可拍攝，必須親身來體驗。

日光山最大木造建築物《輪王寺》

🏠 地址：栃木縣日光市山內2300
🚶 如何抵達：東武巴士「勝道上人像前」站步行約2分
🕐 營業時間：4月1日~10月31日8:00~17:00、11月1日~3月31日8:00~16:00 定休日：無
🌐 網址：https://www.rinnoji.or.jp/

輪王寺起源於1200多年前日光開山祖師「勝道上人」所建立的四本龍寺，後來成為分佈在日光山境內各地的佛堂、佛塔以及15座寺院的總稱。供奉三尊代表日光三山佛像的「三佛堂」為日光山上規模最大的木造建築。

←
三佛堂的外觀。

拜拜金兔求良緣《二荒山神社》

🏠 地址：栃木県日光市山內2307
🚶 如何抵達：東武巴士「二荒山神社前」站步行約1分
🕐 營業時間：4月1日~10月31日8:00~17:00、11月1日~3月31日9:00~16:00 定休日：無
🌐 網址：http://www.futarasan.jp/index.shtml

二荒山神社供奉招福與結緣之神「大己貴命」，以祈求良緣聞名。由於《古事記》中的「因幡的白兔」裡兔子象徵主祭神與八上比賣的姻緣，因而打造了一尊金兔像設在社殿前，現為神社的象徵之一。

境內除了本殿，還有劃分收費參拜的區域，有多座不同神社的分社。有趣的是，位在日光國立公園外的神橋也屬於二荒山神社，鮮紅色的木橋與大谷川的自然景色完美結合可是拍照熱點。

↑
左：本宮的金色神轎。
右：金兔子御神籤。

在綜合美食設施小憩一下《西参道茶屋》

⌂ 地址：栃木県日光市安川町10-20
🚶 如何抵達：東武巴士「西参道茶屋」站步行約1分
🕐 營業時間：10:00~17:00 定休日：每家餐廳不同

　　二社一寺的位置集中方便參拜，不過周邊只有簡單的咖啡廳及茶屋，建議先吃早餐、午餐再前往較佳。若是逛到一半餓了或是累了，該怎麼辦？其實，在二社一寺約5分鐘的步程，西参道茶屋是個綜合設施，集合了4家日光人氣餐廳及咖啡廳，戶外設有多個座位，可拿著餐點來此享用。其中，manten chicken grill nikko 提供炭火現烤的雞腿、漢堡、飯糰等，作為午餐也很有飽足感。吃完還可以來個銅鑼燒、刨冰當甜點，或是喝一杯自家烘焙咖啡，補充元氣。

↑
炭火烤雞腿很有份量。

SHOP DATA

↘日光ドラバタ
さん網址

↘茶寮 日りん
網址

↘日光珈琲 西参
道網址

↘manten chicken
grill nikko網址

1　2
3　4

1.銅鑼燒店日光ドラバタさん。
2.日光珈琲西参道店。
3.咖啡店結合雜貨店很時尚。
4.日式甜點店茶寮日りん。

天然日式咖啡廳
《meguri coffee from 自然茶寮廻》

> ⌂ 地址：栃木県日光市中鉢石町909-1
> 🚶 如何抵達：東武巴士「日光下鉢石」站步行約3分
> 🕐 營業時間：8:30~18:00 定休日：星期四
> 🌐 網址：https://shizensaryo-meguri.com/

　　走在來往日光車站及神社間的街道上，咖啡廳的大面玻璃窗吸引不少行人的目光。由大正時期的藝廊改建而成，外觀還保留之前的英文招牌，瀰漫著復古氣氛。店內有一列榻榻米座位，可以眺望著街景喝咖啡。店名含有「希望豐富的大自然能夠不斷循環，永遠永遠地持續下去」的寓意，使用自家農園種植的蔬菜等，提供植物性食材為主的餐點，咖啡也是自家烘焙，每一口都是有機無添加的天然味道。

湯波御膳嚐盡豆皮七變化《Sun Field》

> ⌂ 地址：栃木県日光市下鉢石町818
> 🚶 如何抵達：東武巴士「日光下鉢石」站步行約1分
> 🕐 營業時間：11:00~17:00 定休日：星期四
> 🌐 網址：https://www.mes005.com/nikko-yuba.html

↑
享用各式各樣的豆皮小菜。

　　日光名物「湯波」其實就是豆皮，豆皮是把加熱豆漿時形成的薄膜輕輕撈起而成，其獨特製法是竹籤插入薄膜的中央後對折提起，形成稍厚的雙層結構，口感實在。在日光有許多餐廳都會提供豆皮料理，而Sun Field是相對CP值較高的小店。

　　餐廳提供各種日式料理，最熱門的就是「ゆば御膳」，可充分享受豆皮的定食。使用當地老舖製作的豆皮，以油炸、涼拌、佃煮等不同方式烹煮，可以品嚐到各種口感的豆皮，就連甜點的咖啡凍也加入豆皮。旅程時頓頓都大魚大肉，偶爾來點清淡豆腐味道也不錯。

↑
左：榻榻米座位有一大面玻璃可欣賞街景。
右：自家烘焙咖啡味道濃醇。

入手當地限定時尚單品《BEAMS JAPAN 日光》

⌂ 地址：栃木県日光市山内2287
Ⓐ 如何抵達：東武巴士「勝道上人像前」站步行約3分
🕐 營業時間：4月~11月10:00~17:00、12月~3月10:00~16:00　定休日：不定休
🌐 網址：https://www.instagram.com/beams_japan_nikko/

　　日本時尚品牌BEAMS一向受到臺港旅客喜愛，2023年於日光東照宮的表參道開設了分店，純白色的和風店面融入當地氛圍。作為BEAMS JAPAN GATE STORE PROJECT一環，BEAMS近年致力於日本各大景點開設店舖，並推出當地限定商品，而日光就有一系列金黃色的帆布包及小物，靈感來自於日光東照宮陽明門的金箔。另外，還有一系列高質感的栃木產工藝品，以及品牌原創的衣服等，作為伴手禮定會讓人覺得很有品味！

→
左：日光店限定的金黃色手帕。
右：店外設有扭蛋機。

打卡猴子紅豆餅《雲 IZU 日光店》

- 🏠 地址：栃木県日光市上鉢石町1018
- 🚶 如何抵達：東武巴士「日光下鉢石」站步行約4分
- 🕐 營業時間：10:00~16:00 定休日：星期四 （12月~7月期間），其他月分無休
- 🌐 網址：https://kumoizu.com/

　　因為日光東照宮的三猿，街道上隨處可見各種猴子造型的商品及點心，而這家日式甜點店也因為猴子造型的紅豆餅「SOPPO燒き」聚集排隊人潮。除了紅豆口味，還有卡士達及季節限定口味，一個250日幣，以特製的猴子圖案模具烤製而成。現場只提供外帶，店門擺了幾張椅子供客人使用。熱騰騰的紅豆餅散發甜甜的香味，讓大家忍不住想立刻享用，在咬下去前可要記得拍照打卡。

←
猴子造型的紅豆餅與店舖標誌一起打卡。

和菓子老舗打造的新感覺巧克力
《TENTO chocolate 日光本店》

- 🏠 地址：栃木県日光市上鉢石町1038-1
- 如何抵達：東武巴士「日光下鉢石」站步行約4分
- 🕐 營業時間：11:00~16:00 定休日：不定休
- 🌐 網址：https://tentochocolate.stores.jp/

　　由日光85年歷史的老舗和菓子店「日昇堂」所創立的巧克力品牌，把栃木縣的名產草莓、和菓子的紅豆泥與羊羹與巧克力結合，帶來和洋合璧、美味的巧克力點心。2020年還曾拿下GOOD DESIGN AWARD優良設計獎，創新的概念獲得肯定。店內五花八門的巧克力，光是挑選的過程就是一種享受。

→
巧克力口味款式多樣。

◎蒸汽火車轉車台表演

轉乘時來欣賞蒸汽火車《下今市車站》

🏠 地址：栃木県日光市今市1110
🚶 如何抵達：日光線、鬼怒川線「下今市」站
🕐 SL展示館營業時間：平日8:45~17:00、週末及假日8:45~18:00 定休日：無
🌐 網址：https://www.tobu.co.jp/sl/more/tenji-kan/

　　SPACIA列車班次中部分不停東武日光站，需要利用日光線前往一站之隔的下今市車站，再轉乘特急列車。原本轉乘列車會嫌麻煩，還需要提早離開日光，其實，下今市車站是個意外的鐵道景點，如果有經過的話，可花點時間來參觀。

　　下今市車站是蒸汽火車「SL大樹」的總站，因此設有一個小型的SL展示館‧轉車台廣場，免費開放給遊客來欣賞。戶外的轉車台是專為蒸汽火車所設，當蒸汽火車抵達下今市車站，鐵道迷都會帶著相機聚集在廣場欣賞轉車過程，不知道還以為是哪位明星登場呢！

　　噴著蒸汽的火車威風凜凜地駛到轉車台上，在轉車時駕駛員還會向觀眾揮手，體驗感十足，連我這個非鐵道迷的人也覺得太酷了！

↑
上：列車停泊在展示館內。
下：休憩設施內有供小孩遊玩的模擬小火車。

3 天 2 夜
Route.
とちぎ **2**-2
Tochigi-ken
Utsunomiya-shi

栃木縣

◎宇都宮◎

在餃子之都走進
日本電影場景

宇都宮位在栃木縣的中央，是縣內交通樞紐及經濟中心，在宇都宮車站可找到百貨公司及熱鬧的商店街。說到宇都宮最有名的絕對是餃子，不只有餃子店一條街，還會舉辦餃子祭典等。除此之外，市內還有兩個電影迷很眼熟的經典拍攝地，歡迎前去踩點。有時間的話，可以在栃木縣慢慢旅行，花個半天在宇都宮輕鬆吃喝玩樂，再轉車去日光等其他景點。

↘地圖請掃我！

◎ 若山農場

◎ 大谷資料館

東北自動車道

宇都宮環狀道路

東北新幹線

東北本線

宇都宮餃子会 来らっせ本店

東武宇都宮

宇都宮 JR

Yakult Cafe & Gallery ◎

古代經典竹林場景《若山農場》

🏠 地址：栃木県宇都宮市宝木本町2018
🚶 如何抵達：路線巴士「野沢寺前」站步行約10分
🕐 營業時間：平日9:00~17:00、週末及假日9:00~20:00 定休日：無
🌐 網址：https://www.wakayamafarm.com/

　　以古代為題材的電影及日劇，常常會看到角色穿梭於竹林比武練功的情節，幽篁的竹林、靜謐的氣氛營造出最佳的意境。這些優美的畫面很多都是在若山農場的竹林裡拍攝，例如山崎賢人主演的《王者天下》系列、漫改日劇《派對咖孔明》等。

　　竹林平常會開放給遊客參觀，收費分為單純逛竹林或包含茶點。即使是週末也沒有太多旅客，可以在茂密的竹林間靜靜散步。逛完一圈後可以享用栗子點心與以竹杯盛裝的抹茶，杯子還能帶回家留念。

1	2
	3

1.寧靜的竹林。
2.以竹杯盛裝抹茶帶有一點清香。
3.竹子相關的商品。

神秘礦石宮殿《大谷資料館》

地址：栃木県宇都宮市大谷町909
如何抵達：路線巴士「資料館入口」站步行約4分
営業時間：4月~11月9:00~17:00、12月~3月9:30~16:30 定休
日：4月~11月無休、12月~3月星期二
大谷資料館網址：http://www.oya909.co.jp/
ROCKSIDE MARKET網址：https://oya-rsm.co.jp

此大谷不同於大谷翔平的大谷（ohtani），而是唸作ooya。大谷地區擁有海拔20至30公尺高的凝灰岩奇岩群，這些大谷石是約1千5百萬年前火山噴發所產生的火山灰堆積而成的石材，具有輕巧、柔軟和耐火的特性。

大谷資料館是江戶時代的採石場遺跡，走下樓梯是約2萬多平方公尺的廣闊面積，昏暗的燈光、冰涼的溫度、石材的質感，讓坑道內增添神秘氣息。因此，《神劍闖江湖》、《飛翔吧！埼玉》等很多電影都選址在這裡拍攝。

地下的大谷資料館與周邊開設的咖啡廳及商店ROCKSIDE MARKET就像是兩個世界，時尚的咖啡廳裝飾著大谷石盆栽，能在這裡享受餐點。周邊商品也很有設計感，大谷石的燭台、杯墊等、放在家中可作裝飾又具實用性。

1.ROCKSIDE MARKET商店及咖啡廳。
2.大谷石製作的燭台。
3.大谷石小盆栽。
4.大谷資料館內部景觀。
5.館內環境昏暗充滿神秘感。
6.空曠的礦石宮殿。

5

6

名店餃子比比看《来らっせ 本店》

> 🏠 地址：栃木県宇都宮市馬場通り2-3-12 MEGAドン・キホーテ ラパーク宇都宮　地下1階
> 🚶 如何抵達：東武鐵道「東武宇都宮」站步行約7分、JR「宇都宮」站步行約19分
> 🕐 營業時間：平日11:00~20:30、週末及假日11:00~21:00　定休日：無（餐廳不定休）
> 🌐 網址：https://www.gyozakai.com/kirasse/

↑
餐廳門口的餃子雕像。

↑
上：有趣的壓克力餃子擺飾。
下：還有各種主題雜貨。

來到宇都宮要吃上餃子才算到此一遊，在東武宇都宮車站周邊有一條名為「餃子通」的街道，連接幾家有名的餃子餐廳。想要比較每家的餃子味道，不妨來這個餃子版美食廣場「来らっせ 本店」就可以一口氣點到不同名店的餃子。這是由宇都宮餃子會直營的店舖，位在唐吉訶德的地下一樓，分為常設店及每日替換的特別店。

常設店中分設了宇都宮5家名店：「宇都宮みんみん」、「めんめん」、「香蘭」、「龍門」及「さつき」，入座後可以自由去每家店點餐。每份餃子約5~6個，可以多嚐幾份不同口味。煎餃、水餃、炸餃，還有店家原創的獨特口味。

宇都宮的餃子沒有特定的口味，每家店都有自己的特色，外皮厚薄、蒜量的多少都不一樣，只能自己親身到訪找出最對味的一家！

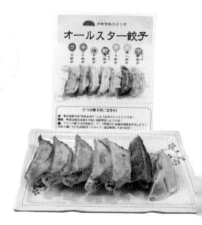

↑
香脆的炸餃子。
←
經典款日式煎餃。
→
集合7種口味的煎餃拼盤。

日本唯一養樂多咖啡廳品嚐限定甜點
《Yakult Cafe & Gallery》

⌂ 地址：栃木県宇都宮市本丸町1-43
Ⓐ 如何抵達：東武鐵道「東武宇都宮」站步行約14分
🕐 營業時間：10:00~19:00 定休日：星期一
🌐 網址：https://yakult-cafe-gallery.com/

＼每日限定30個！／
養樂多GELATO & MILK 冰淇淋

源自日本的乳酸菌乳飲品養樂多，近年還因為新商品「Yakult1000」能提升睡眠品質又翻紅了一波。該品牌唯一的咖啡廳竟設在宇都宮內！這裡不賣養樂多，而是一般的飲料及餐點，不過也有用乳酸菌乳飲品製作的果昔、養樂多奶油製作的蛋糕等。

↑
咖啡廳裝潢簡約。

由養樂多鮮奶油製作的提拉米蘇

３天２夜

Route.
とちぎ 2-3

Tochigi-ken
Ashikaga-shi

栃木縣

足利
擁有各種「日本一」名號的小城

作為建立室町幕府的足利尊氏之祖‧足利氏的發祥之地，栃木縣的足利市有著淵遠流長的歷史背景，時至今日既保留了一些文化遺跡，同時也有新的觀光地標，例如日本第一古老的足利學校、日本唯一入選 CNN 世界十大夢幻旅遊景點的足利花卉公園等，這些有著「日本一」名號的景點，值得花一天來探索。

↘地圖請掃我！

足利織姬神社

足利學校

AgROS FLOWER

おはぎ專門店 Okameya

足利 JR

國道3號

兩毛線

東武伊勢崎線

國道50號

足利花卉公園

世界十大夢幻旅遊景點之一
《足利花卉公園紫藤花祭》

🏠 地址：栃木県足利市迫間町607
🚶 如何抵達：JR両毛線「あしかがフラワーパーク」站步行約3分
🕐 營業時間：9:00~17:30（紫藤花祭期間或會延長時間）　定休日：無
🌐 網址：https://www.ashikaga.co.jp/

　　足利花卉公園是關東紫藤花景點的代表，更曾被CNN選為「世界10大夢幻旅遊景點」之一，遠近馳名。足利花卉公園全年都有不同花卉可欣賞，但以4~5月的藤花最有名。公園面積約10萬平方公尺，園內主要有4個大藤棚，包括超過160年樹齡的紫藤、最長1.8公尺的大長藤、珍貴的八重藤、以及潔白的白藤。前往每個花棚時也有盛開的藤花叢，各種不同顏色的藤花盛放，可沉浸在美麗的藤花之中。

1　3　5
2　4　5

1.美麗的白藤花。
2.除了藤花還有各種花卉盛放 。
3.限定版的藤花面膜。
4.公園限定的紫色藤花蘇打飲料。
5.帶有淡淡花香的霜淇淋。

must know

出發前的小提醒！

紫藤花祭人氣超高，在花季期間遊客也非常多，想要拍到空景的風景照比較困難。園內雖然設有餐廳，但午餐時間會大排長龍，可以考慮在小吃攤販用餐，或是將賞花行程安排在上午或下午，午餐可在其他地方享用。

其他足利景點

難得搭了數小時電車來到足利，賞完花就返回東京太可惜了！與足利花卉公園只隔一站的足利車站，周邊也有值得逛逛的景點。

復刻日本最古老學府《史跡足利學校》

- ⌂ 地址：栃木県足利市昌平町2338
- Ⓐ 如何抵達：JR兩毛線「足利」站步行約10分
- ⏱ 營業時間：4月~9月9:00~16:30、10~3月9:00~16:00 定休日：無
- 🌐 網址：https://www.city.ashikaga.tochigi.jp/education/000031/

　　足利學校是日本最古老的學校，甚至無法追溯起源，有一說是平安時代初期或鐮倉時代建成。根據記載，1439年關東管領上杉憲實曾向學校捐贈書籍，並從鐮倉円覺寺招來僧侶當校長，使得學校興盛起來。可惜在江戶末期一度廢校，但在有心之士的幫助下，復原了因遭雷擊而消失的建築，並被認定為日本遺產，可以一窺古代日本學生是如何學習。

　　足利學校本身也是個不錯的散步景點。園內由幾座傳統樣式的建築物組成，包括日本最古老的孔子廟、遺跡圖書館等。在主建築中，展示佛壇、德川家歷代將軍的神牌等文物。

↑
穿梭日式廊台參觀。
→
復刻古時的傳統建築。

→→
秋季還有紅葉映襯。

● 書院的緣側（外廊）開放遊客
休憩，坐在這裡眺望南庭園，
感受著微風吹拂與日光浴，不
禁好奇古代的學生真的能專心
學習嗎？環境也太舒適了！

穿過七色鳥居祈求好姻緣《足利織姬神社》

↑
入口有一道長樓梯。

🏠 地址：栃木縣足利市西宮町3889
🚶 如何抵達：JR兩毛線「足利」站步行約30分
🕐 定休日：無
🌐 網址：https://www.orihimejinjya.com/

　　足利織姬神社供奉掌管織布的「天御鉾命」和織女「天八千千姬命」，這兩位神明共同織出布料並將其獻給天照大神。由於織物是由經線和緯線交織而成，因此被視為能保佑姻緣。

　　想求得一段好姻緣也是要付出代價的，從入口的鳥居到本殿需要登上229級階梯！幸好有兩條路可選擇：陡峭卻直接的男坂與排列7色鳥居、迂迴曲折的女坂。建議大家上行時，選擇相對輕鬆的女坂，一邊穿過鳥居一邊爬樓梯也會忘記辛苦。登上本殿，在開闊的平台上可以俯瞰市內的風景，據說天氣好的日子還能遠眺到東京的晴空塔，甚至富士山。

↑
7色鳥居象徵結下7種緣分：紅色（人）、黃色（健康）、綠色（智慧）、藍色（人生）、青色（學業）、深紅色（工作）、紫色（經營）。

戀人的聖地！
敲響「愛之鐘」及扣下愛之鎖，許願得到幸福吧！

客製花式可麗餅與冰淇淋《AgROS FLOWER》

🏠 地址：栃木県足利市通1丁目2704-5
🚃 如何抵達：JR両毛線「足利」站步行約11分
🕐 營業時間：11:00~19:00 定休日：不定休
🌐 網址：https://www.instagram.com/agros_flower/

在樸素的街道上，這家甜點小店顯得特別時尚！主打可麗餅、義式冰淇淋與聖代，客人可從各種口味及食材中自選，由店員製成精美又好吃的甜點。如果選擇困難也不用擔心，有固定菜單，像是春天限定的草莓口味，就以足利產的草莓堆成美美的花型，搭配清爽酸甜的義式冰淇淋，視覺與味覺都大滿足。

←
堆滿草莓的可麗餅。

口味多樣的新派萩餅《Okameya》

🏠 地址：栃木県足利市通1丁目2711-4
🚃 如何抵達：JR両毛線「足利」站步行約9分
🕐 營業時間：10:30~售完即止 定休日：不定休
🌐 網址：https://www.okameya.me/

近年日本興起新派的萩餅，在足利也可找到一家小小的專門店。萩餅（又稱為牡丹餅）是在用糯米製成的糕餅放上紅豆泥、黃豆粉，常在春秋二季祭祀祖先時供奉。

Okameya為萩餅帶來更多變化，從海苔、焙茶等日本食材到鹽焦糖、椰子核桃等創新口味。底部的糰子還帶有飯粒的口感，Q黏而帶嚼勁，搭配北海道產的紅豆泥，意外地不會太甜，把和菓子變得更易入口。

↑
萩餅口味多任君選擇。

3 天 2 夜

Route.
しずおか 3

Shizuoka-ken
Hamamatsu-shi

静岡縣

濱松

走進可愛童話世界

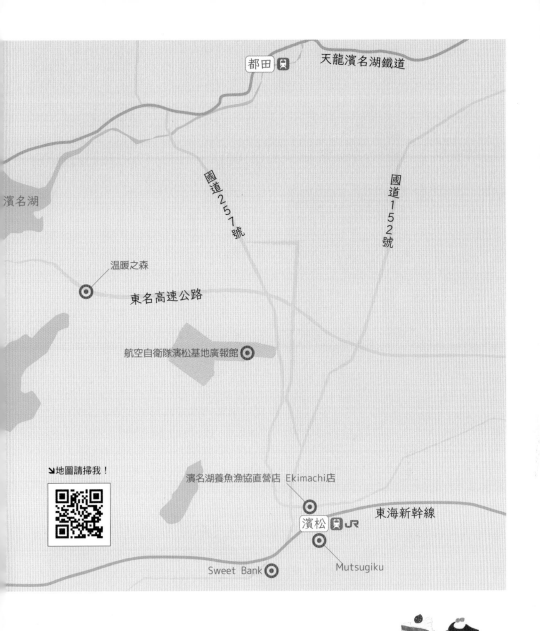

都田 🚃 天龍濱名湖鐵道

濱名湖

國道257號

國道152號

温暖之森 ◎

東名高速公路

航空自衛隊濱松基地廣報館 ◎

↘地圖請掃我！

濱名湖養魚漁協直營店 Ekimachi店

◎

濱松 🚃 JR

東海新幹線

◎

Sweet Bank ◎

Mutsugiku

濱松位於靜岡縣西部，勉強算是東京「近郊」，其實離日本中部的名古屋更近，搭乘新幹線只要約30分鐘，就能從名古屋抵達濱松。無論是從關東玩到中部，作為靜岡縣旅行的終點，也能花1~2天在濱松遊覽一些連日本人都不一定知道的私房景點，特別能滿足喜愛拍網美照及甜點控的人。

日本職人夢想中的鄉村小屋《溫暖之森》

⌂ 地址：静岡県浜松市中央区和地町2949
🚶 如何抵達：濱松車站搭乘30號公車，在「すじかいばし」站下車，步行約5分
🕐 營業時間：平日11:00~16:00、週末及假日10:00~17:00 定休日：星期四
🌐 網址：https://www.nukumori.jp/

從普通民房穿過小巷，竟然出現了一棟棟仿如繪本中的歐陸房屋。有趣的是，這可不是一開始為了商業而打造，建築師佐佐木茂良先生從小就對中世紀歐洲的房子情有獨鍾，因而建造出來。從車庫到自己的家，後來再改成藝廊，現在是集合雜貨店及咖啡廳的設施。

溫暖之森由數棟房子組成，面積不大，共有12家店舖，以雜貨店為主，還有一家餐廳、起司蛋糕店、義式冰淇淋店，以及與貓頭鷹互動的設施。入場門票可加購參觀藝廊，也就是佐佐木先生的家，可觀賞介紹其生平的影片，欣賞房子的每個細節。了解背後的故事，這些建築的一磚一瓦看起來又更動人了。

↑
上：連門牌都是可愛茶壺造型。
下：指示商店位置的路牌。
→
歐陸風格的房屋很適合拍照。

1
2
3

4
5
6

1.這個小屋竟是洗手間。
2.販售盆栽的商店。
3.園區內處處都是打卡點。

4.藝廊中設有咖啡廳。
5.房子充滿裝潢細節。
6.雜貨商店選購飾品。

夢幻裝潢的烘焙樂園《Sweets Bank》

　　濱松最有名的伴手禮非春華堂的鰻魚派莫屬，但不是只有這一道板斧，在春華堂的旗艦店Sweets Bank就有料理、甜點的選擇。凡是來到這間店，一定會被嚇到，巨大的椅子和桌子讓人誤以為闖入大人國，忍不住拿起手機狂拍。

　　由甜點品牌春華堂與銀行浜松磐田信用金庫所組成的複合設施，當地居民都會來銀行處理好財務再吃點什麼。咖啡廳TORA to FUSEN提供早午餐與各式甜點，現場烘焙的麵包只有這裡才能吃到；春華堂商店則可買到各式和菓子、蛋糕、餅乾等點心，當然少不了店舖限定商品。

🏠 地址：静岡県浜松市中央区神田町553
🚶 如何抵達：濱松車站搭乘16-4號小沢渡線公車，在「春日町」站下車，步行約7分
🕐 營業時間：9:30~18:00　定休日：不定休
🌐 網址：https://www.instagram.com/sweetsbank_hamamatsu/

↑
蛋杯造型的擺設。

↑
←↓
巨型杯子的桌子。
店舖限定的莓果口味餅乾。

↑
咖啡廳內的座位也很好看。

←
左：款式多樣的餐點。
右：還有販售和菓子。

---

must know

什麼是鰻魚派？

　　濱松著名點心「うなぎパイ」（鰻魚派）看起來像是蝴蝶酥的派餅，特別之處在於加入鰻魚精華。鰻魚一向被認為富含營養可補充精力，實際上有豐富的維生素A，春華堂就想了個「夜晚的點心」的外號，雖然容易讓人想入非非，但社長的原意是希望「一家人能在鰻魚派的陪伴下度過溫馨的團聚時光」。大膽的取名、可口的味道，讓鰻魚派成為了家喻戶曉的點心，也是濱松最具代表性的伴手禮。

大人小孩都興奮的航空模型體驗
《航空自衛隊濱松基地廣報館》

🏠 地址：浜松市中央区西山町無番地
🚶 如何抵達：濱松車站搭乘51號公車，在「泉4丁目」站下車，步行約10分
🕐 營業時間：9:00~16:00 定休日：星期一、每月最終星期二、3月第2週星期二~四
🌐 網址：https://www.mod.go.jp/asdf/airpark/

　　推薦一個會讓男孩子雙眼發亮的主題設施。由日本航空自衛隊官方設立、全國唯一的廣報館，地點就在濱松基地旁邊，一抵達就會聽到練習機起飛的風嘯聲。

　　這是為了讓人更了解日本航空自衛隊的工作及訓練而設立，館內展示各式各樣戰鬥機、航空機等模型，不僅能近距離觀看其細節，部分甚至可以乘坐。除此以外，還有模擬駕駛、VR體驗、介紹自衛隊救援訓練的影片等，館方還免費借出制服及頭盔等可進行拍照，不只小孩玩得開心，現場看到不少大人都投入扮裝。

↑
上：戶外有許多航空機模型。
下：還能觀賞內部細節。
→
部分航空機還可提供試坐。

Marimekko 北歐風格無人車站《都田站》

🏠 地址：浜松市浜名区都田町5563-21
🚃 如何抵達：天龍濱名湖鐵道天龍濱名湖線「都田」站下車即到
🌐 網址：https://www.tenhama.co.jp/about/station/miyakoda/

　　濱松的天龍濱名湖鐵道是頗有歷史的鐵路，車輛與車站都充滿懷舊氣息，沒想到竟隱藏了一個瀰漫著北歐風情的無人車站。2020年，為了活化都田站，當地建築公司都田建設DLoFre'活用木造車站的特色，以2百多片Marimekko的特色花紋布裝飾，讓車站搖身一變成為時尚的場所。

　　踏出車站是綠油油的田園風景與古民家，車站周邊也設有咖啡廳與家具店「DLoFre's Café」、販售Marimekko雜貨的「kiitos gallery」、書店「蔵で旅するbook store」等，可以在這邊喝個下午茶、逛逛商店，投入悠閒的氣氛。

↑
在咖啡廳享用美味蛋糕。

↑
上：設計可愛的車站。
下：面對著自然景色的座位。
→
車站周邊瀰漫北歐自然氛圍。

255

◇ 美食特輯 ◇
濱松兩大美食介紹

作為工業都市，濱松沒有農作物名產，但仍有兩大代表美食：濱松餃子及鰻魚。在濱松車站周邊許多餐廳都會供應，但我特別想推薦兩間高分名店，以實惠價格享用美味鰻魚。

滿滿蔬菜的濱松餃子《Mutsugiku》

> ⌂ 地址：静岡県浜松市中区砂山町356-5
> 🏃 如何抵達：JR濱松車站南口步行約3分
> ⏱ 營業時間：11:30~14:30、17:00~21:00　定休日：星期一、星期二、星期日午餐時段
> 🌐 網址：http://mutsugiku.jp/

Mutsugiku是位於濱松車站周邊的餃子店，曾入選日本食評網站Tabelog 2024年百名店。據說由於濱松鄰近的愛知縣盛產高麗菜，因此餡料的蔬菜比例高達六至八成。薄薄的餃子皮包裹著大量蔬菜，煎得香脆，伴以微酸的特製醬汁。

入口即嚐到大蒜的香氣與蔬菜的清甜，一口餃子一口豆芽菜味道清爽，一大盤餃子輕易就吃完。

濱松餃子的三大特色：①排成圓形、②餡料使用大量高麗菜、③豆芽菜是配菜。

↑
店舖不大只有30幾個座位。

優惠價格享用鰻魚飯便當
《濱名湖養魚漁協直營店 Ekimachi 店》

🏠 地址：浜松市中区砂山町6-1浜松駅ビル内
🚶 如何抵達：JR濱松車站步行約1分
🕐 營業時間：8:00~21:00 定休日：無
🌐 網址：https://www.hamanako-eel.jp/shop

濱松的濱名湖是「養殖鰻魚的發源地」，湖畔一年四季都氣候溫暖，加上豐富的礦物質地下水源流入湖中，非常適合鰻魚的生長，讓鰻魚養殖業繁盛起來。

在濱松車站的伴手禮賣場Ekimachi中可找到濱名湖養魚漁協所經營的櫃台，不只有真空包裝的烤鰻魚，還有每天新鮮製作的鰻魚飯便當。便當有三種份量，最便宜2,000日幣即可買到，簡直是餐廳價格的一半。在搭新幹線前先來買個溫熱的便當，於回途中繼續享受濱松的美味。

←
上：店舖的攤位。
下：鰻魚飯便當一直放在櫃中溫熱。

↑
不同份量的便當。
←
最小份的便當也有兩塊鰻魚。

route4_ 三大溫泉勝地泡個過癮
草津、伊香保、四萬

出身在沒有溫泉的香港，我第一次的溫泉體驗就是在日本，泡在暖和的溫泉水中，所有疲累都會一洗而空，從此一試成主顧。雖然住在東京不容易找到溫泉浴場，只要到近郊旅行就有很多溫泉地。

群馬縣可算是得天獨厚，作為關東地區最多溫泉地的縣份，有 800 多家提供溫泉的設施及住宿。在這片寶地中又有「三名湯」：草津溫泉、伊香保溫泉、四萬溫泉，除了可泡溫泉，還有豐富的景點能享受觀光的樂趣。

3 天 2 夜

Route.
4-1
ぐんま

Gunma-ken
Kusatsu onsen

群馬縣

《草津溫泉》
隨處都可享受溫泉,
日本第一湧泉量

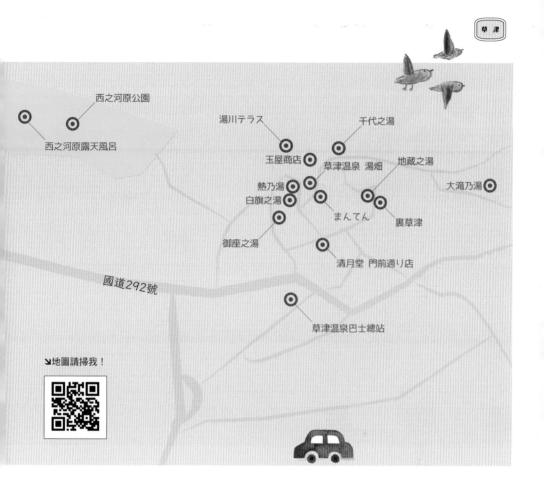

西之河原公園

西之河原露天風呂

湯川テラス

千代之湯

玉屋商店

草津温泉 湯畑

地蔵之湯

大滝乃湯

熱乃湯

白旗之湯

まんてん

裏草津

御座之湯

清月堂 門前通り店

國道292號

↘地圖請掃我！

草津温泉巴士總站

草津溫泉不只是群馬的三名湯，更是日本全國的三名湯之一，擁有日本第一的自然湧泉量。一來到草津溫泉，撲鼻而來是硫磺的獨特氣味，提醒遊客源源不絕的溫泉正在流動著。擁有這充裕的天然資源，當地也是非常大方，路上隨處設有足湯、手湯可以暖手泡腳，甚至有免費開放的大眾浴場，即使不打算入住溫泉旅館也可以盡情享受。

唯一缺點就是交通不太方便，草津溫泉周邊沒有鐵路車站，搭乘 JR 吾妻線到長野原草津口站後還要轉乘巴士，約25分鐘車程才能到達。若不想轉乘的話，可以直接從東京乘坐高速巴士，約 4 小時就能到達草津溫泉。

草津溫泉的中心地標《湯畑》

> ⌂ 地址：群馬県吾妻郡草津町草津
> ⊛ 如何抵達：「草津溫泉」巴士站步行約5分
> ⊙ 營業時間：24小時開放

　　草津溫泉以「湯畑」為中心，景點與店舖往周邊延伸，是當地最受歡迎的拍照點。在江戶時代，「湯畑」附近原本有個露天的大浴場，但由於草津溫泉的水溫極高，不降溫可是無法泡澡的，於是建造出「湯畑」來調節溫度，並可去除溫泉水中的有害濃度硫化氫。

　　到昭和年代就由當時的町長兼藝術家「岡本太郎」設計成現在的特別模樣，熱騰騰的溫泉水沿著木製水槽流到水池，冒著如白霧的水蒸氣。白天景色充滿風情，到了晚上點燈更是有種如夢似幻的感覺。

↑
熱騰騰的溫泉水正冒著蒸氣。

↑
左：晚上點燈後更有氣氛。
右：湯畑有著獨特設計。

在溫泉公園散步《西之河原公園》

⌂ 地址：群馬縣吾妻郡草津町草津
🚶 如何抵達：「草津溫泉」巴士站步行約10分
🌐 網址：https://www.town.kusatsu.gunma.jp/www/
contents/1485304883583/

　　從湯畑穿過有許多餐廳及伴手禮店的西之河原通街道，就會見到被盎然綠意包圍的「西之河原公園」，步道修整完善，路程不會太長，老人家或小孩都方便前往。看著溫泉水沿著河川流過石礫間，走累了還可在足湯泡腳休息，開闊的大自然讓人感到無比療癒。晚上亮燈後，或是冬季期間積上厚厚的白雪又是另一番浪漫。

1 2　　1.公園內設有足湯。
3 4　　2.在自然景色環繞下散步。
　　　　3.溫泉在公園內河川流動。
　　　　4.冬季積上白雪更美。

↑
走在雪地要小心濕滑。
←
晚上有夢幻紫色點燈。

雪景與夜景的氛圍，超級浪漫！

欣賞傳統湯揉秀《熱乃湯》

🏠 地址：群馬県吾妻郡草津町草津414
🚶 如何抵達：「草津溫泉」巴士站步行約5分
🕐 營業時間：8:30~17:00（平日及假日表演時段不一）　定休日：無
🌐 網址：https://www.kusatsu-onsen.ne.jp/netsunoyu/

↑
看起來宏偉的外觀。

　　由大眾浴場共造而成，2層樓高的建築物現在變成「湯揉秀」的表演舞台。因草津溫泉水的溫度達攝氏50~95度的高溫，古時人們便想出以木板在水中攪拌揉動，讓熱水降溫的「湯揉」（湯もみ）技法。現在當然已不用這麼費力的方式降溫，使得「湯揉」變成一場表演秀，由身穿傳統服裝的女士們一邊唱著歌一邊有節奏地用長木板揉動熱水。表演後，還可以體驗看看拿起長達2公尺的厚重木板。

↑
左：湯揉秀的舞台。
右：表演者拿著長木板揉湯。

隱藏版的休憩景點《裏草津》

⌂ 地址：群馬縣吾妻郡草津町大字草津300
Ⓐ 如何抵達：「草津溫泉」巴士站步行約10分
🕐 營業時間：每家商店不一　定休日：每家商店不一
🌐 網址：https://www.kusatsu-onsen.ne.jp/ura-kusatsu_jizo/

　　日語「裏」是背面、內部的意思，從熱鬧的湯畑穿過小巷再走上樓梯，按著指示來到「裏草津」地區，雖然只有短短5分鐘步程，卻有著截然不同的寧靜氛圍。在2021年經過翻新的「裏草津」以地藏之湯的源泉為中心，設有公眾浴場、免費的足湯和特別的顏湯體驗溫泉蒸臉。周邊還有咖啡廳、漫畫館，以及在石灰石上繪圖的工作坊等。

↑
周邊設有咖啡廳。

→
上：獨特的顏湯。　下：靠近會感受到溫暖的蒸氣。

顏湯體驗！

↑
免費公眾浴場。
←
地藏之湯的源泉。

三大公眾浴場〖草津三湯〗

到草津，除了在旅館或飯店泡湯，還有很多公眾浴場選擇，其中以「大滝乃湯」、「御座之湯」、「西之河原露天風呂」最為熱門，又稱作「草津三湯」。這三個公眾浴場分別位在前文介紹的湯畑、西之河原公園等附近，每家都各有特色。

♨大滝乃湯

⌂ 地址：群馬県吾妻郡草津町草津596-13
⊛ 如何抵達：「草津溫泉」巴士站步行約10分
🕘 營業時間：9:00~21:00 定休日：無
🌐 網址：https://onsen-kusatsu.com/ohtakinoyu/

　　木造建築中有多個浴池，使用有著「美人之湯」之稱的煮川源泉，又採傳統合湯方式，讓源泉水依序流經各浴槽，自然冷卻至適宜的溫度，完全不加水稀釋，保留豐富的溫泉成分，據說泡完肌膚也會變得滑嫩。

↑
大滝乃湯的入口。

♨御座之湯

⌂ 地址：群馬県吾妻郡草津町大字草津421
⊛ 如何抵達：「草津溫泉」巴士站步行約5分
🕘 營業時間：4月~11月7:00~21:00、12月~3月8:00~21:00 定休日：無
🌐 網址：https://onsen-kusatsu.com/gozanoyu/

　　在江戶及明治年代，湯畑周邊有五家公眾浴場，而「御座之湯」就是仿照其中一家建築而成。以木材、杉板等重現傳統建築的質感。浴場內有「木之湯」及「石之湯」，分別使用湯畑及萬代兩種源泉，輪流作為男女浴場使用，不同日子到訪會有不一樣的體驗。

↑
設施仿造傳統浴場建築樣式。

♨西之河原露天風呂

⌂ 地址：群馬縣吾妻郡草津町大字草津521-3
🚶 如何抵達：「草津溫泉」巴士站步行約15分
營業時間：4月~11月7:00~20:00、12月~3月9:00~21:00 定休日：無
🌐 網址：https://onsen-kusatsu.com/sainokawara/

就在西之河原公園內，約500平方公尺的遼闊面積，戶外浴池被壯麗的大自然圍繞，春夏的綠意、秋天的紅葉、冬天的白雪為泡湯體驗錦上添花。特別的是，每個星期五晚上17:30~20:00時段，男性的露天浴場會變成混浴，不分性別一起泡澡。想要體驗混浴卻又害羞的話，可以穿著泳衣，或是在現場租借特製的湯揉衣，讓私密部位不會被看到。

↑
溫泉四周被樹木所圍繞。

免費就可泡澡？三個免費開放的公眾浴場

草津溫泉周邊設置許多免費足湯對遊客來說十分佛心，沒想到連公眾浴場也免費開放。當地有3個可以自由使用的公眾浴場：「白旗之湯」、「千代之湯」及「地藏之湯」。相對的，設施相當簡便，例如在「地藏之湯」是沒有可上鎖的置物櫃，而更衣室就在浴場裡面。另外，也要自備毛巾、沐浴用品等，不介意的話，還是可以來體驗一下。

♨白旗の湯

⌂ 地址：群馬縣吾妻郡草津町大字草津112-1
🚶 如何抵達：「草津溫泉」巴士站步行約5分
🕐 營業時間：5:00~23:00（早上8點因打掃會暫停開放） 定休日：無

♨千代の湯

⌂ 地址：群馬縣吾妻郡草津町大字草津367-4
🚶 如何抵達：「草津溫泉」巴士站步行約15分
🕐 營業時間：5:00~23:00
定休日：星期三

♨地藏の湯

⌂ 地址：群馬縣吾妻郡草津町大字草津299
🚶 如何抵達：「草津溫泉」巴士站步行約10分
🕐 營業時間：8:00~22:00
定休日：星期三

◇美食特輯◇ 人氣草津美食特輯

不僅有日本國內的旅客，還有來自海外的觀光客們，才會促使草津溫泉區的商業興盛，在這裡可以找到各種店舖及餐廳，而且位置集中，基本上從湯畑走路幾分鐘便到，吃喝玩樂一應俱全。美食方面既可選餐廳坐來下用餐，也可以外帶小吃邊走邊吃，我挑選了幾家超人氣餐廳，大家可以參考～

奢侈大啖群馬產牛肉《湯川テラス》

🏠 地址：群馬縣吾妻郡草津町375
🚶 如何抵達：「草津溫泉」巴士站步行約6分
🕐 營業時間：10:00~20:30 定休日：不定休
🌐 網址：https://www.yugawa-terrasse.jp/

以「可住宿的餐廳」為概念，2~3樓是帶私人溫泉的飯店房間，1樓是任何人都可以光顧的餐廳。由老牌旅館「奈良屋」的廚師監修菜單，使用群馬縣食材製作新派風格的和食料理及甜點。招牌菜之一是「上州牛與鮭魚子三吃」，在丼飯上奢侈地鋪滿群馬知名的上州牛與新鮮的鮭魚子，無論是直接吃、加上配菜，或是倒入高湯做成茶泡飯都美味。

→
一次享受牛肉及鮭魚子滋味。

用心製作的炭火烤糰子《玉屋商店》

🏠 地址：群馬縣吾妻郡草津町大字草津377-1
🚶 如何抵達：「草津溫泉」巴士站步行約6分
🕐 營業時間：9:00~21:00 定休日：星期四
🌐 網址：https://www.tamaya-sake.co.jp/

絕品！一本一本，心を込めて焼きあげます！
炭火焼きだんご

店外有兩個小攤，一個販售日本酒，另一個是現製的炭火烤糰子。

玉屋商店原本是販售酒的商店，但店門前大排長龍卻是為了購買烤糰子。老先生會把一串串糰子插在秸稈草上，利用炭火慢慢燒烤。糰子可選醬油、核桃味噌、御手洗醬汁，點餐後才會塗上醬汁，Q彈的糰子與濃郁的醬汁很搭，還帶有微微的炭香，那味道絕對值得為它等候久一點。

吸收食材鮮味的釜飯《まんてん》

不要小看鐵釜好像不大，其實鍋很深，吃完一頓滿滿飽足感。

> 🏠 地址：群馬県吾妻郡草津町草津116-2 2F
> 🚶 如何抵達：「草津溫泉」巴士站步行約5分
> 🕐 營業時間：星期一至二、四至日11:00~15:00、17:00~22:00，星期三11:00~15:00 定休日：無
> 🌐 網址：https://www.instagram.com/manten_kusatsu/

　　2023年才開店的「まんてん」，進駐不久便成為草津的熱門餐廳，門口總是長長的人龍。白天提供釜飯為主的午餐定食，晚上則變成居酒屋。可現場預約後用手機查看排隊情況，在附近湯畑拍照逛街，很快就排到。

　　午餐的釜飯有10多種可以選擇，雞肉菇類、和牛壽喜燒等，把海鮮、肉類與蔬菜食材，與米飯一同放進鐵釜裡烹煮。米飯不只吸收鮮味，還有焦香微脆的鍋巴。

↑
店內採用日式裝潢。

日本茶 X 提拉米蘇的新組合
《清月堂 門前通り店》

> 🏠 地址：群馬県吾妻郡草津町草津92
> 🚶 如何抵達：「草津溫泉」巴士站步行約4分
> 🕐 營業時間：9:00~17:00 定休日：不定休
> 🌐 網址：https://shop.hanaingen.jp/

　　清月堂是草津90年歷史的和菓子老舖，主要販售銅鑼燒等傳統日式點心，不過近年就有一款熱門的新商品：抹茶/焙茶口味的提拉米蘇。提拉米蘇以陶瓷碗盛裝，表面以抹茶/焙茶粉灑出圖案，單純欣賞就感受到日式風情。日本茶的甘苦、起司的奶香與銅鑼燒的麵餅及紅豆泥多重搭配，帶來欲罷不能的新滋味。

→
提拉米蘇與抹茶意外搭配。

ヨ 天 2 夜
Route.
4-2
ぐんま

Gunma-ken
Ikaho onsen

群馬縣
♨

樓梯體驗
復古風情

伊香保溫泉的熱鬧程度與草津溫泉不相伯仲，但對於自由行旅客來說有兩個難處，第一是石段街以外的景點需要利用巴士或自駕前往，第二是當地景點設有長樓梯很挑戰腳力，要做好走不少路的心理準備。

伊香保溫泉的景點不算多，大概半天就能逛完，可以選擇在當地留宿，或是把約1小時車程距離的草津溫泉排在一起，來個溫泉巡禮。

《伊香保溫泉》

↘地圖請掃我！

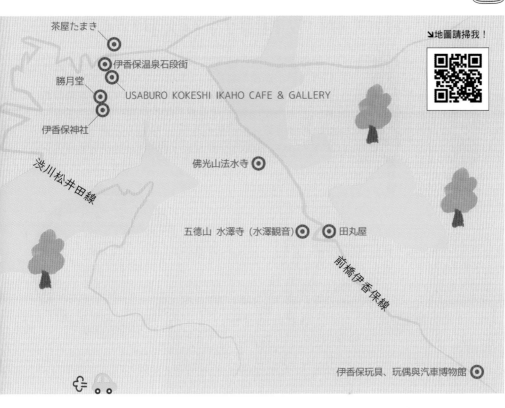

茶屋たまき

伊香保溫泉石段街

勝月堂

USABURO KOKESHI IKAHO CAFE & GALLERY

伊香保神社

渋川松井田線

佛光山法水寺

五德山 水澤寺（水澤観音）　田丸屋

前橋伊香保線

伊香保玩具、玩偶與汽車博物館

travel notes

交通小提醒

　　伊香保溫泉周邊沒有鐵路車站，可從上野站搭乘特快「草津·四萬」至澀川站，然後轉乘巴士約25分鐘抵達石段街；也可從東京車站或新宿，乘坐高速巴士約3小時就能直達伊香保溫泉了。

←
左：石段街前的
巴士站牌。
右：澀川車站的
月台。

273

365級樓梯的石段街攻略

温泉日報
挑戰！
Onsen
Daily

　　伊香保溫泉以石段街為象徵，早在440年前作為日本首個溫泉都市計劃而打造的溫泉街，在2010年修整後，石段街總共有365級樓梯，寄意1年365日溫泉街都繁華如常。從巴士站或停車場開始，爬到終點可到達伊香保神社，樓梯兩旁有各式各樣的商店、餐廳及旅館，中途吃點東西、購物，還能泡免費足湯，讓爬樓梯的辛苦過程也充滿樂趣。

↑頭文字D的人孔蓋。
←爬樓梯需要不少體力。

↓
左：路邊的大量黃色小鴨裝飾。
右：表示你爬到了第365級階梯。

Start ！ 在日式咖啡廳吃甜點補充體力

《茶屋たまき》

　　「茶屋たまき」位於石段街的起點附近，出發前先吃點東西補充體力，或是返程後的休息都很推薦。有各種日式甜點，也有聖代、蘋果派等洋式甜點，最受歡迎的是自家製的麻糬。

　　軟Q的糰子串有醬油、起司、紅豆泥等調味。而烤麻糬包裹著甜度剛好的紅豆泥及芝麻泥，吃完麻糬後再來品嚐清爽的蘋果冰淇淋，最後喝杯熱茶，所有疲累都被拋諸腦後。

🏠 地址：群馬県渋川市伊香保町伊香保100-1
🚶 如何抵達：「伊香保温泉」巴士站步行約1分
🕐 營業時間：9:00~17:00　定休日：星期二

↑
窗外是綠油油的風景。

↑兩種口味的烤麻糬。
←烤麻糬的模型。

かわいい！ 可愛木芥子工藝品

《USABURO KOKESHI IKAHO CAFE & GALLERY》

木芥子創作工房「卯三郎木芥子」發揮創意，以傳統技術結合全新設計，柔和的相貌、動物，甚至是時下流行的動漫角色，以迎合現代人的喜好。

2023年，於石段街開設了全新的藝廊兼咖啡廳，並販售木芥子商品。一進店會忍不住高呼「卡哇伊」，迪士尼、三麗鷗，連人氣爆棚的吉伊卡哇都有，作為家居裝飾或伴手禮都很體面。

↑
左：人氣卡通角色都變成木芥子。　右：咖啡廳有販售雞蛋糕。

must know

什麼是木芥子？

以木頭手工製作的人偶，球形的頭部及圓柱形的身軀為特徵，畫上穿和服的女性模樣。

↑
可愛的木芥子圖案。

🏠 地址：群馬縣渋川市伊香保町伊香保50-3
🚶 如何抵達：「伊香保溫泉」巴士站步行約5分
🕐 營業時間：9:30~16:30　定休日：星期三
🌐 網址：https://www.instagram.com/usaburo_ikaho/

初代湯乃花饅頭 《勝月堂》

位在伊香保神社周邊，有著超過百年歷史的和菓子店「勝月堂」，開業至今堅守傳統溫泉饅頭的製法。以伊香保茶褐色的溫泉水為靈感，在饅頭麵皮中加入黑糖，柔軟的外皮包裹著以北海道產紅豆熬煮而成的紅豆餡，人工親手製作，無添加防腐劑，保存期限只有短短2天，務必當場享用。

爬了三百多級樓梯的獎勵甜點！

←
香甜的溫泉饅頭補充糖分。

- ⌂ 地址：群馬県渋川市伊香保町伊香保591-7
- Ⓡ 如何抵達：「伊香保溫泉」巴士站步行約7分
- ⏰ 營業時間：9:00~18:00（售完即止） 定休日：不定休
- ⊕ 網址：https://www.shougetsudo.net/

終點！ 位居頂點的溫泉守護神《伊香保神社》

作為第365級的終點站，雖然辛苦一點還是努力爬到伊香保神社吧！神社的歷史可追溯至千年前，幾經輾轉下終於定在現今的位置。供奉著掌管溫泉、醫療和商業繁盛的大己貴命與少彦名命兩位祭神，同時以保佑姻緣、安產聞名，無論有什麼心願都可在這裡拜拜祈求。

- ⌂ 地址：渋川市伊香保町伊香保1
- Ⓡ 如何抵達：「伊香保溫泉」巴士站步行約8分
- ⊕ 網址：https://www.city.shibukawa.lg.jp/kankou/ikahoonsen/streetsofikaho/p000202.html

YEAAAAH!

←
左：長長人龍排隊等待參拜。
右：可以購買繪馬與御守。

伊香保溫泉周邊景點

在石段街約10分鐘車程左右還有一些有趣的景點可順道遊覽，每個景點都可利用路線巴士前往，不過，要注意班次時間，部分路線只到下午3點~4點半，小心玩過頭錯過末班車！

勾起回憶的懷舊展品《伊香保玩具、玩偶與汽車博物館》

> ⌂ 地址：群馬縣北群馬郡吉岡町上野田2145 水沢観音下
> 🚶 如何抵達：JR「渋川」站搭乘往水沢伊香保溫泉案内所的巴士，在「上野原」站下車，步行約1分
> 🕐 營業時間：4月25日~10月31日9:00~18:00、11月1日~4月24日9:00~17:00 定休日：無
> 🌐 網址：http://www.ikaho-omocha.jp/

比起小孩，大人會更有共鳴的博物館。從門口就可看到以伊香保溫泉所在的澀川市為舞台的經典漫畫《頭文字D》佈景，相信許多大男孩馬上變得興奮。約3,000平方公尺的館內有多個主題展區，夢幻的泰迪熊展示、昭和至平成年代的懷舊主題街區，然後是一系列古董車的展覽，再來是戶外的電影主題區，還有日本傳統工藝品等，展品五花八門。

年紀稍長的叔叔姨姨可順道話當年，而Z世代則對一切感到新奇，每個年代的人都會找到各自享受的方式。

1.懷舊商店街的展區。
2.可以看到不同的昔日小物。
3.《頭文字D》的經典場景。
4.Q比娃娃繪畫體驗。
5.娃娃很小很考驗畫工。

水澤烏龍麵一條街的元祖店《田丸屋》

> ⌂ 地址：群馬県渋川市伊香保町水沢206-1
> 🚶 如何抵達：JR「渋川」站搭乘往伊香保溫泉案内所的巴士，在「水沢」站下車，步行約1分
> 🕐 營業時間：9:00~15:00 定休日：星期三
> 🌐 網址：https://mizusawaudontamaruya.jp/

　　與秋田的稻庭烏龍麵、香川的讚岐烏龍麵並列日本三大烏龍麵，以帶有光澤的麵條和滑順的口感為特色。水澤烏龍麵最初起源於飛鳥時代，僧人在創建水澤寺同時傳授製作烏龍麵的技法，後來到天正年代，便以當地產麵粉和水澤的湧泉水來製作烏龍麵供應給參拜者，成為今天的群馬縣當地美食。

　　在伊香保溫泉周邊就有水澤烏龍麵一條街，每家都有各自的捧場客。自稱為元祖店，於天正十年開業的「田丸屋」人氣絕對數一數二，廣闊又帶氣派的店內有約200個座位，很快就能入座。

　　烏龍麵款式多種，細膩的水澤烏龍麵、粗厚的全麥粉烏龍麵，或是四方型的四角四麵，可以單點，或是搭配天婦羅的套餐。滑順的烏龍麵配沾麵汁或核桃醬汁享用，簡單而美味。令人驚艷的是配菜也很用心，尤其是四角四麵竟然搭配日式東坡肉，很有新鮮感。

↑
大澤屋也是水澤烏龍麵名店之一。
↓
左：口感像麻糬的四角四麵。
右：豐盛的烏龍麵套餐。

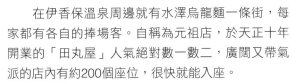

香火鼎盛的千年觀音寺《水澤寺》

> ⌂ 地址：群馬縣渋川市伊香保町水沢214
> Ⓐ 如何抵達：JR「渋川」站搭乘往伊香保溫泉案內所的巴士，在「水沢観音」站下車，步行約1分
> 🌐 網址：https://mizusawakannon.or.jp/

　　1300年前來自高麗的僧人所建造，被群馬縣指定為重要文化財。寺廟內供奉著是木造的千手觀音菩薩像。踏入境內，濃烈的燒香味道讓人熟悉，寺廟保佑「諸願成就」是什麼願望都可，難怪這麼多人來參拜。觀音堂旁邊還有六角二重塔，據說推著木條把六地藏尊迴轉三次就可祈願。

↑
週末很多信眾來參拜。

居高臨下的臺灣寺廟《佛光山法水寺》

> ⌂ 地址：群馬縣渋川市伊香保町伊香保637-43
> Ⓐ 如何抵達：JR「渋川」站搭乘往伊香保溫泉案內所的巴士，在「佛光山法水寺」站下車，步行約1分
> 🕐 營業時間：2月~11月9:00~17:00、12月~1月9:00~16:00　定休日：無（咖啡廳、美術館、坐禪堂、寫經堂星期四定休）
> 🌐 網址：https://housuiji.or.jp/

↑
日本難得一見的中華寺廟風格。

　　臺灣佛教四大名山之一的佛教教團「佛光山」，日本本院設在群馬縣。於2018年建立，約19萬平方公尺的遼闊面積，寺廟建築帶有中華色彩，電影《王者天下》也有來取景拍攝。從入口要爬約238級階梯，高度可不輸石段街，登至本堂時俯瞰群馬市內的景色，心境也會變得豁然開朗。法水寺境內隨處可見熟悉的中文字，還設有素食咖啡廳提供臺灣美食，吸引很多日本遊客到訪體驗。

onsen plus 四萬溫泉探訪！

相較草津溫泉、伊香保溫泉，四萬溫泉的規模比較小，沒有很多商店及餐廳，如果想住宿請預約附早、晚餐的一泊二食。

很多旅客都是為了拍攝溫泉旅館「積善館」而來。在此建議可利用「草津・四萬特快列車」遊遍三個溫泉。

JR「特快草津・四萬」為指定席特快列車，可從東京車站或上野站出發，行走吾妻線，途經澀川、中之條、長野原草津口三個車站，可再從鐵路車站轉乘巴士到各個溫泉地即可。

↘地圖請掃我！

奥四万湖

國道353號

四万温泉 積善館

↘JR特快
草津・四萬
購票資訊

東京車站／上野車站

澀川站 ──── 轉乘「澀川驛～伊香保溫泉線」巴士約25分鐘 ──── 伊香保溫泉石段街

共6站（約26分鐘）

中之條站 ──── 轉乘關越交通「四萬溫泉線」巴士約40分鐘 ──── 四萬溫泉

共6站（約31分鐘）

長野原草津 ──── 轉乘JR巴士關東「長野原草津口-草津溫泉」約25分鐘 ──── 草津溫泉

温泉さいこう！

彷如走進「神隱少女」的世界

《四萬温泉積善館》

吉卜力經典之作《神隱少女》描述女主角千尋與家人誤闖魔法世界，為了救父母而在澡堂「油屋」工作。電影中經典場景澡堂的取景地一直眾説紛紜，而四萬温泉的景色也被認為是創作靈感之一。

這棟日本最古老的木造温泉旅館「積善館」已有330多年歷史，雖然有進行翻新維修，卻仍保留了傳統氛圍，門前的一道紅橋更是讓人想起電影的場面。

積善館目前仍作為旅館營業，如果不想住宿也可單純付費體驗泡温泉，或是在餐廳用餐。門外也是免費開放，只在紅橋上拍照打卡也沒問題。

↑
積善館的門口。

↑
傳統旅館建築很有氣氛。
←
從紅橋眺望景色。

↑→
吉卜力迷看到這場景會莫名興奮。

🏠 地址：群馬県吾妻郡中之条町四万温泉
🚌 如何抵達：東京車站搭乘四萬溫泉號高速巴士直達 / JR吾妻線「中之
条」車站1號巴士站乘搭巴士，在「四萬溫泉」站下車
🕐 收費溫泉入浴營業時間：10:00~17:00 定休日：無
🌐 網址：https://www.sekizenkan.co.jp/day/

東京近郊，無法盡錄的寶地

在製作《東京出發！近郊小旅行提案》時，讓我感到困難的地方，不是花時間東奔西跑取材，而是如何把東京近郊的景點一一收錄。

關東地區實在太大了，單是一個縣份就已足夠自成一書，我卻貪心地想要介紹9個縣份。想要盡可能把每個地方的魅力呈現給讀者，是要選知名景點呢？還是要挑出不為人知的有趣小店呢？在有限的篇幅中如何割捨，總是讓我左右為難。

最後，我挑選了每個縣份具代表性的景點，然後隨心而行，當作自己去旅行一樣規劃行程。因此，這本書所介紹的，都是我想去、想吃，還有踏足之後的發現及體驗。

如果你和我一樣喜歡拍網美照、在咖啡廳吃甜點、參觀美術館、欣賞歷史建築等，那麼，就讓我的書帶領你從東京出發，遊覽地大物博的近郊地方。在踏出第一步後，當地更多的寶藏就交由大家再去發掘了。

Shinon

《東京出發！近郊小旅行提案》線上回函抽獎活動

這本書獻給所有熱愛旅遊的朋友們 感謝各位讀者對於《東京出發！近郊小旅行提案》一書的支持，購書憑發票即可參加抽獎，將有機會獲得「豪華露營dots by Dot Glamping Suite 001四人房一泊住宿券(不含餐點)」好禮哦！

活動參加方式☞

請將購買《東京出發！近郊小旅行提案》一書發票&明細、實書拍照，前往google表單專屬活動頁，上傳與完整填寫相關資訊，即有機會參加抽獎。

掃描QR CODE前往google活動表單

活動時間☞

即日起至2025/03/31(一)晚上23:59截止

獎項☞

豪華露營dots by Dot Glamping Suite 001四人房一泊住宿券(不含餐點) 乙份

市價28,500元（共3名）

(兌換時間至 2025/05/31，逾期視同自動放棄。)

◉旅遊出發日期：2025年06月01日起至2025年12月31日止(此券使用時間不含7~8月、日本連續假期、周末、旺季或當地各式慶典活動等特殊情況，實際房間供應情形、使用方式等限制將依廠商為準)。

得獎公布時間☞

2025/04/15 (二)將於悅知文化facebook粉絲專頁公布得獎名單

感謝dots by Dot Glamping Suite 001熱情贊助

注意事項☞

①參加者於參加本活動時，即表示同意本活動辦法，並充分知悉與同意以下事項。

②抽獎人請完整填寫表單資訊，如有缺漏或填寫不實，即視為中獎者自動放棄參與本活動資格及中獎資格，並由主辦單位另行抽出備取名單以遞補；若同發票號碼重複登錄資訊，將視為一筆抽獎。

③本活動獎品不得要求轉換、轉讓或折換現金，限中獎者本人使用。

④如有中獎者冒用他人身分、不符合或違反本活動規定事項者，主辦單位保有取消其中獎資格的權利。

⑤主辦單位將個別以郵件或電話聯繫中獎者，如聯繫未果或其他不可抗力之因素，主辦單位保留隨時修正、暫停、終止或解釋本活動之最終權利。

⑥主辦單位非獎品製造者或提供者，與各項獎品或服務之製造或提供廠商無任何代理或合夥關係，中獎者應依各該獎品兌換注意事項及使用說明使用各該獎品，中獎者如因使用各項獎品或服務發生任何爭議，請逕洽各該獎品或服務之實際製造或提供廠商處理，概與主辦單位無涉。

⑦本注意事項若有未盡事宜，主辦單位保留補充修改之權利，若有任何更動，皆以悅知文化facebook粉絲專頁公告為準，不另行通知。

從東京出發，遊覽地大物博的近郊地方。在踏出第一步後，當地更多的寶藏就交由大家再去發掘了。

———————————————————《東京出發！近郊小旅行提案》

請拿出手機掃描以下QRcode或輸入以下網址，即可連結讀者問卷。
關於這本書的任何閱讀心得或建議，歡迎與我們分享 :)

1日・2日・3日 Plan

東京

出發！

近郊

小旅行提案

暢遊關東 9 縣，精選 21 條路線，
吃遍美食、溫泉登山、
必買伴手禮！

作　者｜Shinon

責任編輯｜鄭世佳 Josephine Cheng
責任行銷｜鄧雅云 Elsa Deng
封面裝幀｜讀力設計 independence-design Co.,Ltd
版面構成｜讀力設計 independence-design Co.,Ltd

發 行 人｜林隆奮 Frank Lin
社　　長｜蘇國林 Green Su

總 編 輯｜葉怡慧 Carol Yeh
主　　編｜鄭世佳 Josephine Cheng
行銷主任｜朱韻淑 Vina Ju
業務處長｜吳宗庭 Tim Wu
業務專員｜鍾依娟 Irina Chung
　　　　　戴岑翰 Joe Tai
業務秘書｜陳曉琪 Angel Chen
　　　　　莊皓雯 Gia Chuang

發行公司｜悅知文化 精誠資訊股份有限公司
地　　址｜105台北市松山區復興北路99號12樓
專　　線｜(02) 2719-8811
傳　　真｜(02) 2719-7980
悅知網址｜http://www.delightpress.com.tw
客服信箱｜cs@delightpress.com.tw
初版一刷｜2025年01月
建議售價｜新台幣480元

本書若有缺頁、破損或裝訂錯誤，請寄回更換
Printed in Taiwan

I S B N ｜978-626-7537-58-9

國家圖書館出版品預行編目資料

東京出發！近郊小旅行提案 /Shinon 著 . -- 初
版 . -- 臺北市: 悅知文化精誠資訊股份有限公司,
2025.01
288 面; 16X21 公分
ISBN 978-626-7537-58-9(平裝)
1.CST: 旅遊 2.CST: 日本東京都
731.72609　　　　　　　　　113019773

建議分類：旅遊／關東地區

BEGINNING
A
NEW
Journey